FinTech 仮想通貨 AIで
金融機関はどう変わる!?

KPMGジャパン 編

ビジネス教育出版社

© 2017 KPMG AZSA LLC, a limited liability audit corporation incorporated under the Japanese Certified Public Accountants Law and a member firm of the KPMG network of independent member firms affiliated with KPMG International Cooperative ("KPMG International"), a Swiss entity. All rights reserved.
The KPMG name and logo are registered trademarks or trademarks of KPMG International.

　ここに記載されている情報はあくまで一般的なものであり、特定の個人や組織が置かれている状況に対応するものではありません。私たちは、的確な情報をタイムリーに提供するよう努めておりますが、情報を受け取られた時点およびそれ以降においての正確さは保証の限りではありません。何らかの行動を取られる場合は、ここにある情報のみを根拠とせず、プロフェッショナルが特定の状況を綿密に調査したうえで提案する適切なアドバイスをもとにご判断ください。

はじめに

　「金融機関」の概念が大きく変わろうとしています。
　数年後、「金融機関」と呼ばれる企業には、近年誕生したまたはこれから誕生する新興企業から現時点ではまだ「金融機関」とされていない大企業まで多くの企業が新たにその定義に含まれているでしょう。
　また、「金融機関」は、情報技術を活用した革新的で、かつ顧客ごとにカスタマイズされた「金融商品・サービス」を提供しているでしょう。
　情報技術の発展を受けて、金融業界はプレーヤーおよび提供される商品とサービスが大幅に入れ替わる構造的転換の時代に突入しようとしています。社会経済活動の基盤でもある金融業界の変貌は、ユーザーや金融以外のあらゆる業界および各国の中央銀行や金融当局も巻き込んで社会全体に大きなうねりを起こそうとしています。
　その一方で、既存の「金融機関」は再編も含めてそのビジネスモデルを大きく変えているでしょう。
　本書では、この大きな構造的転換の結果生まれてくる世界について可能な限り考察していき、「現在」の金融機関が今後どのように変わっていかなければいけないか、あるいは「現在」の金融機関の仕事がどのように変わっていくのかについて、「未来」の金融機関の姿を描くことにより考察していきます。
　本書が構造転換後の世界においても確固たるポジションを持つ金融機関となるための一助となれば幸いです。
　なお、本文中の意見に関する部分については筆者の私見であることをあらかじめお断りいたします。

『FinTech・仮想通貨・AI で金融機関はどう変わる!?』
目　次

第1章　金融業界を襲う構造的転換

1. 構造的転換をもたらす6つの原動力 ······················· 2
2. 企業から顧客への主導権シフト ························· 7
3. 顧客ニーズを満たす手段の出現 ························ 13
4. 付加価値の源泉のシフト ····························· 16
5. 「アンバンドリング」される金融ビジネス ················ 25
6. 「ノンバンク・プレーヤー」が満たす顧客ニーズ ·········· 29

第2章　IT の発展を受けた金融規制の変化

1. フィンテックの台頭を受けた法規制対応 ················· 34
   ①決済業務高度化 WG と金融グループ制度 WG からの二つの報告書　35
   ②銀行法等の改正　38　　③決済高度化官民推進会議　42
   ④フィンテック・ベンチャーに関する有識者会議　45
   ⑤金融制度ワーキング・グループ　47
2. 続々誕生する新しい「金融機関」 ······················ 51
3. フラット化する規制水準 ····························· 55

IV

第3章 革新的な金融商品・サービスの登場

1. アンバンドリングとノンバンク・プレーヤー ……… 60
2. フィンテックの実態 ……… 62
   ①モバイルバンキング　62　　②モバイル決済　63　　③個人間送金　65
   ④銀行インフラ　65　　⑤クラウドファンディング　68
   ⑥P2P（Person to Person）レンディング　69　　⑦法人向け融資　70
   ⑧個人資産管理　71　　⑨ロボ・アドバイザー　73　　⑩業務ソフト　74
   ⑪保険　75

第4章 ブロックチェーン技術の活用

1. ブロックチェーン技術の特徴 ……… 78
2. プライベート型とパブリック型 ……… 83
3. ブロックチェーン技術の活用が想定される分野 ……… 84
4. ブロックチェーン技術の課題 ……… 87

第5章 仮想通貨の普及

1. 銀行業務の公共性 ……… 92
2. デリバリーとペイメント ……… 94
3. 仮想通貨の普及が銀行にもたらすインパクト ……… 96
4. コモディティ化する銀行 ……… 99
5. 台頭する巨大商流プラットフォーム ……… 102
6. 残されたプラットフォームビジネスのフロンティア ……… 106

第6章 ITの発展による社会の変化

1. 「スマートフォンの普及」が変える競争環境 ……………………………… 110
2. スマートフォンの生活基盤化が進む海外 …………………………………… 112
3. IoTによる情報の質的向上と量的拡大 ……………………………………… 114
4. 新たな発展段階に入る「人工知能」 ………………………………………… 118
5. 「人工知能」の活用方法 ……………………………………………………… 119
6. デジタル開国 …………………………………………………………………… 126
7. 個人情報の取扱いに係る法制度 ……………………………………………… 129

第7章 未来の金融機関

1. 顧客とのインターフェイス …………………………………………………… 138
2. 金融ビジネスの二つの方向性 ………………………………………………… 140

おわりに ……………………………………………………………………………… 144

第 **1** 章

金融業界を襲う
構造的転換

1 構造的転換をもたらす6つの原動力

　現在、金融業界はこれまで経験したことのない大きな構造的転換のうねりに直面しています。

　この構造的転換をもたらしている原動力として、近年盛んに取り上げられているFinTech（フィンテック）と呼ばれるIT（情報技術）を活用した革新的な金融サービスの台頭を挙げることは、間違いではありませんが、これだけでは正解とは言えません。

　金融分野に起こっているIT技術を活用した革新的な金融サービス、いわゆる「フィンテック（狭義のフィンテック）の台頭」に「仮想通貨の普及」や仮想通貨の基盤技術である「ブロックチェーン技術の活用」も含めた広義のフィンテックは、既存の金融機関およびそのビジネスモデルに構造的な転換をもたらす原動力の一部でしかありません。

　ITの発展は、図1のようにアンバンドリングとノンバンク・プレーヤーをキーワードとする「フィンテックの台頭」、「ブロックチェーン技術の活用」および「仮想通貨の普及」という三つの原動力を含む広義のフィンテックだけでなく、「スマートフォンの普及」、「IoT（Internet of Things）の拡大」および「人工知能（AI：Artificial Intelligence）の発展」という異なる三つの原動力を加えた「6つの原動力」を通じて社会全体に変化を起こしています。社会が変化するなかで金融機関を取り巻く環境も変わり、金融ビジネスに大きな影響を与えていることまで含めて構造的転換の原動力と捉えることが必要だと考えます。

　ITの発展が起こした「スマートフォンの普及」は、金融機関の顧客でもある消費者の情報力を格段に向上させるとともに日常的に接する

図1　IT（情報技術）の発展が金融ビジネスに影響を与える経路

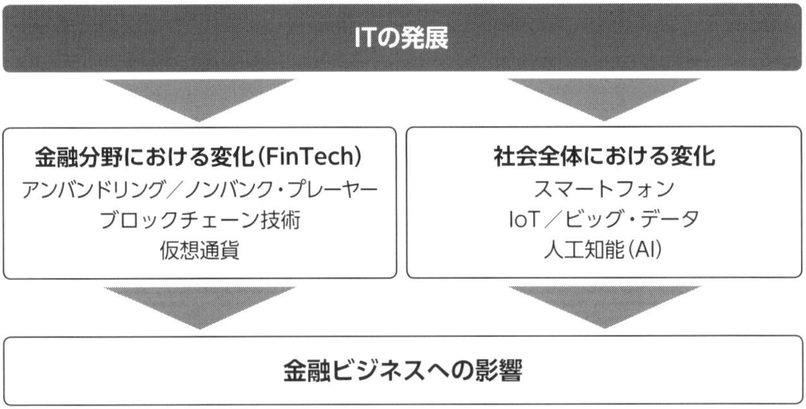

```
┌─────────────────────────────────────────────┐
│                  ITの発展                    │
└─────────────────────────────────────────────┘
          ▼                       ▼
┌──────────────────────┐  ┌──────────────────────┐
│ 金融分野における変化  │  │ 社会全体における変化  │
│     (FinTech)        │  │                      │
│ アンバンドリング／    │  │ スマートフォン        │
│ ノンバンク・プレーヤー │  │ IoT／ビッグ・データ   │
│ ブロックチェーン技術   │  │ 人工知能（AI）        │
│ 仮想通貨             │  │                      │
└──────────────────────┘  └──────────────────────┘
          ▼                       ▼
┌─────────────────────────────────────────────┐
│            金融ビジネスへの影響               │
└─────────────────────────────────────────────┘
```

　情報を個別化させ、ひいてはライフスタイルの個別化への転換を促し、その結果、ビジネスにおける付加価値の源泉を効率的に画一的な商品を提供するために重要な「企業規模」から顧客ニーズを充足させる「カスタマイズ力」にシフトさせています。

　また、顧客ニーズの充足が求められるなか、顧客ニーズの把握に有用な情報の価値が上がり、このような情報を収集したり、分析したりするための技術も急速に発展しました。

　たとえば、あらゆるものがインターネットとつながる「IoTの拡大」および「人工知能の発展」は、社会全体における「情報・データの質的向上と量的な拡大」およびビッグ・データを分析する「情報処理能力の向上」をもたらしています。

　これらの原動力は、同じITの発展を背景としていますが、金融ビジネスに与える影響は一様ではありません。新しく競合する商品やサービスが登場したといえるもの、金融ビジネスの基盤を根本的に変えてしまうもの、消費者の行動様式を変えてしまうもの、収益を生み出す付加価値の源泉を変えてしまうものまで実にさまざまな原動力があり

ます。そしてこれらの多様な変化が同時期に起こり、さまざまな角度から金融ビジネスに影響を与えているのが現在の金融業界が置かれた環境だと考えます。

　フィンテックについて何となくわかるけれど、実際に何をすればよいのかわからないという金融機関の声を聞くことがあります。「フィンテックの台頭」に対してとるべき対応を的確に把握することが難しい要因には、前述したように複数の原動力が複雑に関連しながら、金融機関のビジネスに変化をもたらし、全体として構造的転換をもたらしていることがあると考えます。

　したがって、金融機関は、革新的な金融商品・サービスの登場に代表される「フィンテックの台頭」だけを金融業界に起こっている変化として捉えるのではなく、ITの発展が金融ビジネスにもたらす構造的転換を包括的に理解するとともに、その変化をもたらしている要因を的確に把握しながら、適切な対応を探っていくことが求められています。

　本書では金融ビジネスに構造的転換をもたらす原動力について、大きく次の6つの分野に分けて、それぞれの分野における変化の内容について確認しながら適切な理解を図るとともに、各変化が金融ビジネスにどのような影響を与え、金融機関はどのように変化に対応していけば良いのかといった点について考察していきます。

構造的転換をもたらす原動力	詳述している章
革新的な金融商品・サービスの登場	第3章
ブロックチェーン技術の活用	第4章
仮想通貨の普及	第5章
スマートフォンの普及	第6章
IoTの拡大	
人工知能の発展	

　個々の原動力における考察については後の章において触れますので、この章ではまず、金融業界を襲う構造的転換の全体像について整理したいと思います。

●**顧客に選ばれる金融機関へ**

　ITの発展によってもたらされる変化を受けて、金融業界は構造的転換に直面していますが、前述の「6つの原動力」の一つひとつが構造的転換をもたらしているというよりも、これらの変化が同時期に起こってくるなかで複合的に金融ビジネスに大きな影響を与え、全体として金融業界の枠組みを大きく変える構造的転換をもたらそうとしていると考えます。

　したがって、この構造的転換から金融機関が受ける影響は、金融機関の業態、規模、事業特性や取り巻く環境等の置かれた状況によって異なってくると考えられます。このため、どの金融機関であってもこう対応すれば良いといった画一的な対応策があるわけではありません。

　金融機関は、一つひとつの原動力がもたらす変化が自らの金融ビジネスに与える影響を個別に分析しつつ、これらの変化が複合的にもた

らす総合的な影響についても的確に見極めながら、自社の強みや置かれた環境、中長期的な経営戦略等に基づいて、最適な対応策を検討していく必要があります。

ただし、画一的な対応策はないといっても金融機関が構造的転換に対する最適な対応策を検討するうえで、必ず含めなければいけない二つの視点があります。

一つは、この構造的転換において起こっている普遍的な事象として「顧客ニーズ」に応えることを基点としたビジネスモデルへと転換することの重要性が高まっていることです。

背景には、ITの発展によってもたらされた「企業から個人への商品選択に係る主導権のシフト」があります。言い換えれば、顧客が金融機関を選ぶという立場がより鮮明になったということです。

以前から金融機関は顧客から選ばれる立場であったことは否定しませんが、より根本的なこととして、顧客が有する情報量が金融機関側を越えていると考えられる点がこれまでと大きく異なります。こうした点から、精神的な意味合いだけでなく実態としても顧客が金融機関を選ぶ立場に立ったと言えます。

どの金融機関であっても、顧客の個々のニーズに合わせて最適な商品・サービスを提供するカスタマイズ力を向上させることにこれまで以上に注力しなければいけないということは、この構造的転換への対応策を検討するうえで欠かすことのできない視点と言えます。

もう一つの視点は、「顧客ニーズ」を基点として「最適」な商品・サービスを提供するために、ビジネスモデルを変えていく必要があるということです。

「最適」な商品・サービスを提供するためには、「顧客ニーズ」の把握とニーズに応じた商品・サービスの開発能力がこれまで以上に重要

になってきます。このため、金融機関は、いかに「顧客ニーズ」を把握するために有用な情報を収集し、そうした情報に基づいてニーズを的確に分析し、分析結果に基づいた商品・サービスを開発するかについて重点的に検討していくことが重要になります。

そして、金融機関は、顧客基点で情報収集・分析し、商品・サービスを開発するということは、自前主義によらないオープン・イノベーションを積極的に取り入れたビジネスモデルへの転換が求められていることを意味していることに留意する必要があります。

自社が現在どのような強みを持っていようと、どのような経営戦略を描いていようと、この二つの視点を取り込んだうえで構造的転換に対する対応策を検討しないと、最適な対応策にたどり着くことはできません。

2 企業から顧客への主導権シフト

構造的転換に直面している金融機関が対応策を検討するにあたって、取り込むべき視点の一つが、「企業から個人への商品選択における主導権のシフト」を背景とする「顧客ニーズ」に応えることを基点とするビジネスモデルの追求であることは、前述の通りです。では、このシフトが起こると企業は具体的にどのような変化に直面し、どのようにビジネスモデルを変えていく必要があるのかについて考察したいと思います。

たとえば、「ノンバンク・プレーヤー」がITを活用して「革新的な金融商品・サービス」を駆使して金融機関と顧客との間を「アンバンドリング」しながら従来の金融ビジネスの領域に参入していることは、

実際に起きている「現実」です。この「現実」は、「企業から個人への商品選択における主導権のシフト」がなければ、ここまで市場が急速に拡大することはなかったと考えられます。

なお、この「現実」を「ノンバンク・プレーヤー」が金融機関の市場を「アンバンドリング」して奪っていると捉えることは表面的な理解でしかありません。

特に、実際に構造的転換に直面している金融機関は、こうした表面的な理解に留まることなく、なぜ「ノンバンク・プレーヤー」なのか、なぜ「アンバンドリング」なのか、少なくともその理由を見出さなければ最適な対応策に近づくことが難しくなることに留意する必要があります。たとえば、「スマートフォンの普及」といったITの発展がもたらす変化とその要因についても的確に理解していく必要があります。

● **構造的転換の端緒**

構造的転換の原動力を的確に理解するうえで、まずはこの転換が始まった時からの社会の変化について理解したいと思います。この構造的転換はいつから始まったのでしょうか。

フィンテックが台頭し始めた、あるいはフィンテックという言葉がはやり言葉（バズワード）となり始めた2014年や2015年ではありません。最初の伏線は、インターネットの登場になります。便宜的にこのインターネットが登場し世界的な普及が進んだ時期を「インターネット時代」とします。

情報の入力や処理を電子的に行えるコンピュータがPC（パソコン）によって個人化され、それらの情報端末をネットワークでつなぐインターネットの登場は、それまで広く社会経済活動を支えてきた情報へのアクセスのあり方および基盤を根底から置き換えるパラダイムシフ

トでした。

　人々は、これまでよりも格段に効率的に欲しい情報にアクセスすることが可能となり、消費者と財・サービスの提供者たる企業とのパワーバランスを大きくシフトさせました。企業と顧客の間の情報格差、いわゆる「情報の非対称性」が大きく減少した結果、消費者たる顧客の購買行動が大きく変わりました。

● **消費者行動の変化**

　たとえば、家庭用電気製品（家電）を安く買いたい場合、「インターネット時代」以前であれば、実際にいくつかの店舗を訪れ、販売価格を比較し、最も安い価格を提示している店を再度訪問することで知り得る限りで最も安い価格で家電を買うことができました。しかしながらこれでは、比較できる店舗数も限られますし、一つの商品に相当な時間を費やす必要がありました。

　また、このケースでは買いたいという商品が事前に特定されていますが、実際には買いたい商品を決めるために幅広い商品に関する情報を効率的に収集する必要がありました。

　そのためには、特に十分な事前情報がない場合、多くの商品を取り扱う家電量販店等を訪れて、商品カタログやパンフレット等の情報媒体を入手したり、店員に話を聞いたりする方法が一般的でした。

　カタログやパンフレットを読んだだけでは必ずしもすべてを理解できるわけではありませんし、異なる企業の製品を比較することも容易ではない一方、その場で成約に結び付けたい店員から必要な情報だけを聞き出すことも簡単ではありませんでした。

　インターネットの普及は、消費者が買いたいと思う商品に関する価格等の比較を劇的に改善し、いくつもの店舗を訪れるという行動を不

要なものとしました。

　それだけではなく、商品を選択するためのプロセスも大きく変化しました。効率よく情報を収集する手段が、店舗を訪れてカタログやパンフレットを集めたり店員から話を聞いたりすることから、自宅等のPCからインターネット経由で商品に関する情報および店員以外の中立と考えられるコメントといった参考情報を収集する方法にシフトしました。

　場合によっては最後の商品を購入する場面でさえ、実際に店舗を訪れることなく、インターネット経由ですべて完結してしまうこともあります。こうした変化によって、消費者が商品を選択する際に製造業者（パンフレット）や販売業者（店員）が関与する余地も大きく狭まりました。

　こうしたことは、「情報の非対称性」の減少に伴って商品選択の主導権がシフトすることの影響の大きさを表しています。顧客がいる場所（インターネット）に行って、顧客から選ばれる商品を作らなければ売れなくなる構造的転換がインターネットの登場・普及によって訪れたということです。

●前時代のビジネスモデル

　「インターネット時代」以前の大規模製造業者、特に消費者向け製品のメーカーは、商品点数、言い換えれば商品の選択肢を減らし、一商品あたりの販売数量を増やすほど利益が出る収益構造であったため、多くの顧客が単一の商品を購入するよう付加機能を増やす傾向がありました。数ある付加機能のうちどれかは顧客のニーズに合致するものがあるはずという考えと付加機能が多いから高い価格が正当化されるという企業側の論理によって商品が作られてきました。

ところがインターネットの登場によって、消費者は多くの情報を加味したうえで購入する商品を選択することが可能となり、商品選択における主導権が企業から個人にシフトしました。たとえば、付加機能が多いから商品価格が高くても売れるという単純な図式は成り立たなくなりました。「顧客にとって」価値のある付加機能でなければ、その分価格が上がることは許容されなくなりました。

　もう一つ企業側の論理に基づく戦略としては、ブランド力を高めて高い価格で売る、あるいは販売数量を増やすというものがありました。「インターネット時代」以前の消費者には、いくつもの店舗を訪れて最も安い価格を提示する店舗を探すことが難しい場合、代替手段として高い価格であっても大手有名企業製品などブランド力のある商品を購入することで、ブランド力のある商品を所有しているという所有欲を満たす、あるいはニーズに合致しない商品を購入するという失敗のリスクを軽減するという選択肢もありました。

　だからこそ、家電メーカーはブランド力を上げるために、マスリテール向けの広告等に積極的に投資し、競合他社よりも高く売る戦略を取るところもありました。多くの付加機能を付けることと並んでブランド力向上への投資が適切な経営戦略とされていた時代でした。

● 「スマートフォン時代」の意識変化

　インターネットの登場・普及によって「情報の非対称性」が減少すると、消費者も商品の価値を客観的にシビアな目で見極められるようになり、大手ブランドだからという理由だけで他社より高く売れることはなくなりました。真にその「顧客にとって」付加価値のある場合に限って高い価格が許容されるようになりました。言い換えればブランド力が企業や商品の競争力を大きく左右する要因ではなくなった、

ビジネスにおける付加価値の源泉として重要な要素ではなくなったということができます。ブランド力に頼った経営戦略を続けた家電メーカーは、構造的転換の本質を見誤ったために付加価値を生み出さない投資を続けるという適切ではない経営判断をしたということになります。

こうした側面において「スマートフォンの普及」は、企業から消費者への商品選択の主導権のシフトを「加速」させることでした。PC経由でインターネットに接続するために消費者はPCと向き合う必要がありました。ノート型パソコンといったモバイルPCもありましたが、外出時のインターネット接続環境がそれほど整備されていなかったこともあり、とても手軽にインターネットに接続するレベルではありませんでした。

言い換えれば、インターネットに接続していない時間が相当程度ありました。これに対して、端末の持ち運びが格段に改善したスマートフォンでは、インターネット接続手段の増加と接続環境の改善もあり、外出時に歩きながらでもインターネットに接続できるようになりました。「インターネット時代」からさらにパラダイムシフトが進んだこの時期を「スマートフォン時代」と呼ぶことにします。

「スマートフォン時代」に入り、事前にPCで調べて必要な情報はプリントアウトするといった行為は必要なくなり、価格比較サイトの画面を見ながら実際の店舗で家電の商品を選択することができるようになりました。商品選択において、スマートフォンから提供される情報の重要度が増し、店員の説明といった従来のインプット情報の重要性がさらに低下しました。「スマートフォンの普及」は、企業から消費者への商品選択の主導権のシフトをさらに「加速」させたと言えます。

最近の若者は、モノを買わなくなったという意見がありますが、そ

の背景もこうした構造的転換や商品選択におけるシフトによってある程度説明が可能です。欲しくもない付加機能の付いた最上位機種は買わないか、そもそもその商品が本当に購入すべきものかについて十分な情報に基づいて判断するようになったということです。むしろ、昔は「情報の非対称性」のために企業主導の下で消費者は無駄な買い物をさせられてきたと言い換えることもできます。

また、モノを所有することによってステータスが得られるということが少なくなった背景には、ブランドに対する意識の変化もあります。ブランドではなく真に自身にもたらされる価値で商品を測るようになった消費者は、いまや所有ではなくシェア（共有）という選択肢も積極的に視野に入れるようになってきています。

こうした変化は金融ビジネスにおいても同様です。商品やサービスにいくら磨きをかけても顧客ニーズに合致しなければ売れることはありません。金融機関は、市場のない所に向けて商品やサービスを開発することを避けるためにも、顧客ニーズの把握が今後ますます重要になってきます。

3 顧客ニーズを満たす手段の出現

「情報の非対称性」の減少だけで構造的転換が起こるわけではありません。構造的転換が起こるためには主導権のシフトに加えて新たに商品選択の主導権を持った顧客たる消費者のニーズを満たす商品を作るための「手段」が登場する必要があります。

● 「顧客ニーズ」を構成する「価格ニーズ」と「個別ニーズ」

　消費者は、大きく二つの軸から商品選択において重要な判断を下しています。一つは、低価格を求める「価格ニーズ」であり、同じ機能であればできる限り安く買いたいというニーズです。もう一つは価格以外で商品・サービスを通じて充足されることが求められる「個別ニーズ」です。

　通常この二つのニーズはどちらかを選ばなければいけない二者択一ではなく、同時に存在するものの状況や場面によって二つのニーズの比率・バランスが変わるものだと考えます。どちらかというと価格ニーズは、商品やサービスにかかわらず大きな変動なく常に存在するのに対して、個別ニーズは、購入しようとする商品やサービスによって大きく増減する傾向があると考えます。

　たとえば、趣味や嗜好に関連してこだわりのある商品については、多少高くてもニーズを満たす商品を優先して購入することはありますが、機能差等にそれほど価値を見いだせない場合、より安く買える方を選択することが多いかと思います。

● 「価格ニーズ」への対応

　消費者にとって購入価格は安いに越したことはありません。先ほどの家電の例における「価格ニーズ」を満たそうとする消費者の典型的な行動としては、時間を消費してもいくつもの店舗を訪れるという行為の選択が当てはまります。

　また、消費者は、「個別ニーズ」を満たす商品であれば、「価格ニーズ」が全くないというわけではありませんので、「個別ニーズ」を満たしていても、「個別ニーズ」を満たす商品が複数あればその中から安い商品を選択したり、適切な価格でなければ購入には至ったりしないこ

とに留意が必要です。

いずれにしても、「価格ニーズ」は、常にあります。ところが、いくら顧客に商品選択の主導権がシフトし、商品やサービスの価格にシビアになってきても、供給者たる企業側としては、採算割れで販売するわけにはいかないので、インターネットが登場してすぐに家電といった商品の価格が劇的に低下したわけではありません。

商品の販売価格を下げるためには、商品を安く作る「手段」がないと一時的なセールならともかく、恒久的に価格を下げて販売することはできません。そして、「インターネット時代」における商品価格の低下は、経済用語でいう財やサービスのうち「財」に当たる製品群において、中国など新興国における豊富な低賃金労働を活用するという価格低下を実現する「手段」が生まれたことをきっかけに始まり、世界的にインフレが起こりにくいディスインフレの時代が到来しました。日本のような一部の国はさらに進んでデフレに陥りました。

● 金融業界で本格化する価格低下

前述の製造業における価格低下を金融業界に当てはめると、近年になって低価格化を実現する「手段」が普及しつつあるというのが現状だと考えます。金融業界に限った話ではありませんが、財とサービスを比べると「サービス」は人件費という下方硬直性の強いコストが大きな割合を占める収益構造上、「財」市場ほど価格低下は進みませんでした。

ここに今「人工知能」という低価格でサービスを提供する「手段」が出現しています。今後は、海外の低賃金労働力を活用したコスト削減が一巡した「財」市場よりも「サービス」市場において低価格化が加速するかもしれません。

● 「個別ニーズ」への対応

　「個別ニーズ」を満たす「手段」も変わりつつあります。「個別ニーズ」を把握するためには「価格ニーズ」を満たすうえでは必要のなかった個々の消費者に関する情報が必要になります。

　「スマートフォン時代」となり、「スマートフォンの普及」が進むにつれて、消費者の行動の多くがスマートフォンを通じて行われるようになり、たとえば、購買履歴が特定の商流プラットフォームに集中したり、移動履歴といった行動に係る情報が増えたりしていることに加えて、「IoT」や「人工知能」がこれまで取得できなかった、あるいは取得することが難しかった個人に関する情報の収集を容易にしたりと「個別ニーズ」を把握するために有用な情報が劇的に増加しています。

　さらに、そうした大量の情報、いわゆるビッグ・データを人手に頼らず的確に分析するコンピュータの情報処理能力も向上しています。つまり、「価格ニーズ」だけでなく「個別ニーズ」を満たす「手段」も出現しつつあるといえます。

4　付加価値の源泉のシフト

　この二つの顧客ニーズを満たす「手段」が出現してきたことによって、ビジネスにおける付加価値の源泉もより商品選択における主導権を有する顧客の「顧客ニーズ」を満たすことにシフトしつつあります。そして、「顧客ニーズ」の中でも特に、顧客が最終的に商品を選択する際に重視する「個別ニーズ」を満たすことが重要になってきます。「価格ニーズ」は、「個別ニーズ」を満たす商品の中から選択する際に重要な要素なので、まずは、「個別ニーズ」を満たすことが優先となります。

金融業界においても付加価値の源泉としてのブランド力の影響力は低下し、真に顧客に提供している付加価値によって選別される日が近づいているといえます。そしてその変化のスピードは、家電のような物理的な製造工程を必要とする商品とは比べ物にならないくらいのスピードで進化していくと考えます。

● 小規模ビジネスと大規模ビジネスの分断

　一人ひとり異なる「個別ニーズ」に応えることは、必然的に商品一種類あたりの生産量・販売量は少量化せざるを得ませんが、通常、少量生産には限界があります。特に製造業では、生産あるいは販売のロットが小さくなると設備等の固定費負担が重くなり商品価格を高くする必要がありますが、価格の上昇を顧客がどこまでも許容してくれるわけではないからです。

　「インターネット時代」以前の「個別ニーズ」に応えるビジネスは、「個別ニーズ」の把握に一定のリソースが必要となり、かつ、少量生産に伴う価格上昇も受け入れ可能な少数の顧客に絞ったビジネスモデルとする必要がありました。ビジネスモデルとしては「少品種」少量生産といったいわゆる「ブティック型」にしないと成り立ちませんでした。

　この「ブティック型」を出発点として、ビジネス規模を拡大するための方向性としては、多数の顧客の「個別ニーズ」を把握するコストと「多品種」を少量生産するコストを両立させることは難しく、少品種「大量」生産を志向するしかありませんでした。それでは「個別ニーズ」に応えるという経営戦略そのものを否定するに等しく、経営者にとっては取ることの難しい選択でした。つまり、「ブティック型」ビジネスと「マスリテール向け」ビジネスの市場が分断しており、シームレスにつながっていなかったと言えます。

● 進む金融商品のカスタマイズ化

　金融商品やサービスは製造業ほど物理的な制約が大きくないうえに、商品が細分化されることに伴う業務管理等の負担増加といった制約も近年のITの発展、特に「人工知能」の活用によって一定程度克服することが可能になってくると考えられます。こうした条件がそろっている以上、金融業界における顧客ごとの商品カスタマイズ化は相当なスピードで進んでいくことが予想されます。

　たとえば、家電であればいくら「情報の非対称性」が緩和され、顧客がブランドではなく自分のニーズに応じた製品を選ぶようになるといっても完全に顧客ごとにカスタマイズ化された商品が手ごろな価格で提供されることは少なく、既存の製品群から最も適した商品を選択することが多いと考えます。

　これに対して、金融商品・サービスはカスタマイズ化が比較的容易であることから、工業製品以上に商品は顧客ごとに細分化され、ブランド力より「個別ニーズ」への対応が付加価値の源泉としてより重要になってくると考えられます。

● 価値を持つ「顧客ニーズ」を把握する情報

　「顧客ニーズ」、特に「個別ニーズ」の把握には、顧客がどのようなニーズを持っているかという情報、あるいは顧客が気付いていないニーズを推察できるだけの情報が必要です。これらの情報は、よりニーズに結び付くものであるほど有用性が高く、また、顧客一人あたりの情報量が多いほどより的確に把握できます。

　この「個別ニーズ」の把握についてもITの発展がアプローチ方法を大きく変えています。

　まず、ITの発展に伴って、この「個別ニーズ」を把握するうえで有

用な情報・データの出所が大きく変わりつつあります。

「スマートフォンの普及」がもたらしたものは、商品選択の主導権のシフトを「加速」させただけにとどまりません。日常的なインターネット接続を常時携帯可能としたことにより、インターネット接続時間が増え、インターネット接続がスマートフォン経由主体となりました。この結果、スマートフォンを通じた「情報収集」が増えただけでなく、商品の購入といった「経済活動」や人とのコミュニケーション、動画視聴やSNSその他「日常生活」の相当程度をスマートフォン経由で行うようになりました。つまり、所有者の日常生活に係る情報が詰まっているスマートフォン1台あれば、「個別ニーズ」を把握するのに十分な情報が入手できるようになったということです。

前述のように、スマートフォン経由の経済活動は特定の商流プラットフォームを集中的に利用する傾向を高め、有用な購買履歴に係る情報が生まれています。また、常時携帯されるスマートフォンの移動履歴は、顧客の行動特性を的確に表す情報を生み出しています。

「IoT」や「人工知能」もこれまで企業が入手できなかった、あるいは難しかった情報・データを多数生み出しています。

このように、「個別ニーズ」を把握するために有用な情報は増加しているにもかかわらず、金融機関はこうした情報源に十分な関与を持つことができていません。むしろ、これまで包括的に顧客の行動を把握するうえで有用であった銀行口座の動きについて、銀行は必ずしも十分活用してきたとは言えないと考えられること、顧客と金融機関の間を「アンバンドリング」するITを活用した革新的な金融商品・サービスの台頭により「顧客とのインターフェイス」という「個別ニーズ」を把握するために有用な情報源を失いつつあることなどから、既存の「金融機関」の多くは、この情報争奪戦においてすでに相当な劣勢に立た

されていると考えます。従来の顧客との会話からニーズを探るといったアプローチは、不要とは思いませんがもはや効率的とは言えない時代となっています。

● 「個別ニーズ」に係る情報の収集例

　人々は、自分のパーソナリティに係る情報をさまざまな場面で発信しています。たとえば、検索履歴に基づいてその個人、正確には端末の利用者が過去に検索した用語等を分析し、その傾向に合わせた最適な検索結果を表示するようになっています。これは検索履歴に係る情報を収集している企業自身が、その情報に基づいてより個々の「顧客ニーズ」に即したサービスを提供しようとする一例です。

　移動履歴も企業にとっては「顧客ニーズ」を探るうえで有用な個人情報です。スマートフォンや自動車に取り付けられたナビなどから膨大な移動履歴に係る情報が生み出されるようになりました。実際に東日本大震災時には、多くの自動車に取り付けられたナビの移動履歴を公開し、どの道路が通行できなくなっているかを容易に推察できるようにした自動車会社がありました。かつて、スマートフォンから移動履歴に係る情報を顧客が気づかないうちに収集していると訴えられたIT企業がありました。

　最近では、利用者の受信メールを監視していたとして取り上げられたニュースもあります。「人工知能」による画像認識技術の進化によってさまざまな画像データの中から特定の人物を抽出することも可能となっています。このように、あらゆる情報がデジタル化され世の中に出回るようになってきています。

● 「個別ニーズ」に応じた顧客との関係構築

　最近、店舗が扱うポイントカードが紙や磁気カードからバーコードが記載されたプラスチックカードに切り替わったりスマートフォンに取り込むタイプに切り替わったりした途端、なぜか自分の好みに沿ったクーポンなどの特典が配信されてきたことはないでしょうか。

　「情報の非対称性」が減少し、付加価値を生み出すために「個別ニーズ」の把握が重要と気づいた企業はいま、より顧客の「個別ニーズ」を探り、そのニーズに応じた商品・サービスを提供しようと試みています。チラシを100枚誰が住んでいるかも把握しないままマンションのポストに投函するより、「個別ニーズ」に合わせてカスタマイズしたお買い得情報を100通配信する方が顧客からのレスポンスが高まります。

　顧客はこれまで以上に「スマートフォン」を経由したデジタルの世界での活動を増やし、溢れんばかりの情報の中から自分に必要な情報だけ受け入れるようになっています。金融機関は、そのことを踏まえたうえで、顧客が目にするルート上にほんの数秒で伝わる顧客の心に響くメッセージを届けなければ多くの顧客との接点を失う結果となることを理解することが重要です。

● 必要になるビジネスモデルの再定義

　かつて数店舗まわったうえで購入判断をしていた消費者は、今や数えきれない選択肢の中から最も自分が気に入ったものを購入できるようになりました。単に値段の安さが求められるのであれば、最も安い値段を提示しない限りそのような消費者から選ばれることはありません。これはどの企業にとってもとり得ることが可能な選択肢というわけではありません。

　多くの企業は、利益や体力を削りながら最安値競争に勝利すること

を目指すのではなく、一定の利益を確保できる価格での販売を目指しながら売上げの拡大を図る方向を選択するのではないでしょうか。そのためには、顧客が納得する付加価値を提供することで最安値商品より高いが適切な価格で販売する必要があります。

　値段以外の要素も加味して購入商品を選択する顧客は、数ある選択肢の中から最も自分が気に入った商品を買います。この値段以外の要素というのが千差万別であることから、企業としては満遍なく多数の人が好む要素を盛り込みたくなりますが、それではどの人にとってもある程度高い評価を得ることができても、どの人にとっても「最も」ニーズに合致した商品とはなれず、2番手や3番手の位置づけに留まってしまい、結果として、全く売上げに結びつかないということが起こってしまいます。

　今後金融機関は、顧客を基点にして、その顧客にとって「最も」ニーズを満たす商品やサービスを提供することを最優先にしてビジネスを展開していく必要があります。

●**商品のカスタマイズに必要な情報**

　前述の「インターネット時代」における「情報の非対称性」が緩和された後の消費者行動を振り返ると、消費者は、多くの店舗の価格等の商品に関する情報を短期間で比較できるようになりましたが、あくまで商品の選択肢は変わらない前提でした。つまり、既存の商品群の中から最もニーズに合致する商品を選択するだけで、（なかには個人仕様の商品を製造する企業もありますが）必ずしも企業が完全に自分仕様の商品を開発してくれるわけではありませんでした。

　しかしながら、現在起こっているのは、企業側がさらに消費者に歩み寄り、他社よりもより顧客の好み・ニーズに合う商品を開発しよう

とする取組みです。大量生産等によって実現される安さを武器とする商品や、玉石混淆ながらとにかくたくさん付加機能を付けて多くの顧客のニーズに対応できる商品を作ることではなく、個々の顧客ニーズに応じた商品を開発することが今後ますます重要になってきます。

今後顧客に提供する商品やサービスが顧客に与える価値を最大化するうえで重要なものが、個人の好みやニーズがわかるような情報やデータを持つこととなる時代が訪れようとしています。その時保有している情報が他社も有しているようでは必ずしも競争力の強化につながらないかもしれません。単に情報があれば何でも良いというわけではなく、顧客の好みやニーズを把握するうえで有用な情報であり、かつ他社が有していない情報が質の高い情報といえます。

つまり、これから顧客に選ばれるために重要な要素は、顧客ニーズを的確に把握し顧客ニーズに応じた商品・サービスを採算に合う形で提供する能力を有することであって、決してブランド力に頼ったビジネス展開ではありません。

● **重要になる情報戦略**

「未来」の金融機関のビジネスモデルを検討する際に考慮すべきポイントの一つは、「個別ニーズ」を把握するために有用な情報を自らが質的・量的に保有できる範囲の見極めと、その範囲を拡大するための戦略構築です。言い換えれば、自社が最も「個別ニーズ」を満たす商品を提案できる顧客層を的確に特定することと、その顧客層を少しでも拡大するための情報収集戦略が重要になってくるということです。

ただし、情報量を追うための投資は、実を結ぶまでに莫大な投資と長い期間を要する可能性があり、その間の継続的な投資負担に耐える準備が必要となります。中途半端な投資に終わる可能性が高いのであ

れば、むしろそうした投資は最初から行わずに別のリソースに費やす方が賢明です。

　たとえば、「個別ニーズ」の把握に有用な購買履歴情報を入手するために、すでに利用者が自律的に拡大し始める分岐点、クリティカルマスを超えて、ネットワークの大きさが新規の参加者を呼びさらにネットワークが拡大するネットワーク効果によって、巨大な顧客基盤を構築している商流プラットフォーマーが存在する市場にいまから参入しても、既存のプラットフォーマーに対して勝ち目はありません。後発がプラットフォームを獲得するには長い年月と継続的な投資が必要になります。

　プラットフォームビジネスは、時代の流れをいち早く読みまだ勝者が固まっていない市場で先頭を走ることにより、比較的少ない投資と短い投資期間で市場における支配的な地位を獲得することができます。インターネットの検索エンジンでいうヤフーなどがその一例かもしれません。そして、後発で時間をかけて支配的地位を奪った例がグーグルということになります。

● 「規模の経済」から「範囲の経済」へ

　画一的な商品を大規模に売る大量生産の時代は終わりました。「個別ニーズ」を満たすことが重要になるこれからの時代は、多品種少量生産か少品種少量生産のどちらかのビジネスモデルを取る経営戦略が主流になると考えられます。

　これであれば、企業規模にかかわらず「個別ニーズ」を満たすというビジネスの基本戦略が変わらないため、ベンチャー企業がビジネス規模を拡大させていくことは以前より容易になり、一度企業規模を拡大させた後も、後から追いかけてくる企業が常に現れてくることにな

るため、新陳代謝が活発になるものと考えられます。「ブティック型」ビジネスから「マスリテール向け」ビジネスへとシームレスにつながる時代が来たということになります。

「個別ニーズ」を最も満たす商品を作ることは、「価格ニーズ」を最も満たす商品を作ることと比べると企業規模が競争力の差につながりにくくなります。経済学で使われる用語でいうと、「規模の経済」から「範囲の経済」に時代が変わろうとしているといえます。

5 「アンバンドリング」される金融ビジネス

● 「スマートフォン経済圏」の台頭

金融分野においても、少人数の顧客を相手にしてもビジネスが成り立つ環境が整ってきました。最大の原動力は、ここでも「スマートフォンの普及」です。PC経由であった「インターネット時代」以上にインターネットへの接続が身近になった消費者は、インターネット経由での経済活動や日常活動を増やすようになったことは前述の通りです。

このことは、言い換えれば、スマートフォンを通じた経済圏、「スマートフォン経済圏」が拡大してきたことを意味します。つまり、スマートフォン経済圏をターゲットとするビジネスに特化しても、やり方によってはそれなりに市場を確保できる可能性があり、しっかりとしたビジネスに育つ土壌ができたということです。

● ビジネス基盤を変える「スマートフォンの普及」

スマートフォンというよりもインターネットの世界におけるビジネス展開に特化することのメリットとして、起業の初期コストが非常に

低いということが挙げられます。これは、小規模でもビジネスとして成り立つためには必要な要素です。

実際の店舗を構えるための直接的な費用、店舗をオープンするまでにかかる時間といった間接的な費用、さらに実店舗よりもはるかに多くの潜在顧客と接点を持てる可能性があるといった優位性などから、スマートフォンという基盤を通じたビジネス、たとえばスマートフォン向けアプリの開発というビジネスモデルが登場し、起業のハードルが大きく下がりました。

初期費用を抑えて小さく始めてある程度顧客を獲得すれば採算に乗ってくるビジネス基盤、それを提供するのが「スマートフォン経済圏」です。これによって、近年のベンチャー企業にはスマートフォン向けアプリの開発からスタートする企業が多くなりました。

● 金融ビジネス特有のハードル

スマートフォン経済圏をビジネスの基盤とするスタートアップ企業が金融ビジネスに目を付けるのは時間の問題でした。しかしながら、金融ビジネスの世界で起業するにはまだ大きなハードルが残っていました。厳格な金融規制を遵守するためのコンプライアンス・コストと巨額のシステム投資が参入障壁として立ちはだかっていました。

金融商品やサービスをリテール顧客に提供するためには、他の商品と違ってコンプライアンス体制の整備などの規制遵守に係るコストとシステム投資という大きな初期費用負担が必要でした。

とりわけ、日常生活において誰もが避けて通れない決済サービスの分野は、スタートアップ企業にとって非常に魅力的ではありますが、顧客に決済サービスを提供するためには、原則として銀行免許を取得し、莫大なシステム投資が必要になり、規制を遵守するために多大な

人的リソースが必要であったことから、店舗の要らないネットンバンキング専業の銀行でさえ、ベンチャー企業が参入することは難しく、銀行業以外の収益源がすでに確立している流通業などが何社か参入したにとどまっていました。

●小規模金融ビジネスの登場

　格段に新規参入障壁の高い金融業界において、本格的に小規模金融ビジネスが拡大するようになった転機は、2010年に施行された資金決済に関する法律（以下「資金決済法」という）です。

　厳格な金融規制を回避して初期費用を抑えながら金融サービスを提供するためには、そもそも金融規制がかからない分野を狙うか、ビジネス規模が小さければ規制が緩和されるような制度を活用して、初期費用を抑えながら金融ビジネスを手掛けるという大きく分けて二つのアプローチがあります。

　前者の金融規制の隙間をつくようなビジネスはこれまでにも登場してきましたが、ITを駆使した革新的な金融サービスということであれば代表例として、資金決済法ができる以前のサーバ型前払式支払手段があります。サーバ型前払式支払手段とは、利用者にIDが交付され、店頭の端末やインターネットを利用して発行者が管理するサーバにアクセスし、サーバに記録された利用者の金額の範囲内で商品やサービスを提供する仕組みです。

　それまで前払式証票規制法に基づいて、商品券やIC型プリペイドカードといった前払式証票は規制されていましたが、ITの発展とともに登場したサーバ型前払式支払手段は、規制対象ではありませんでした。他方で、サーバ型前払式支払手段は、その利便性から徐々に活用され出していました。

スマートフォン上でのビジネス展開をするうえでは利用者にとっても企業にとっても便利な支払手段でした。厳格な金融規制を回避しながら資金をプールし、必要な時に支払いに使う手段が金融規制の外で生み出されたことになります。ただし、この新たな手段も資金決済法の施行とともに前払式支払手段として制度整備が図られ、前払式支払手段発行者は、届出制または登録制の下で金融規制に服することとなりました。

　ビジネス規模が小さければ規制が緩和されるような制度の代表例としては、銀行業務の預金に相当する機能を顧客に提供する前述の前払式支払手段発行業が、免許よりも緩い届出制や登録制で業務ができることが挙げられるほか、同じく資金決済法で新たに認められた資金移動業と呼ばれる100万円以下の取扱いであれば銀行以外の者であっても銀行業務の為替取引に相当する業務を行うことが可能となる制度があります。

　この資金移動業が創設された背景について、金融庁の当時のパンフレットにはこう記載されています。「インターネットの普及等により、安価で便利な送金サービスのニーズが高まっていること等から、利用者保護を図りつつ、このようなニーズに対応するために、資金移動業を創設しました」。

　何もない所に「アンバンドリング」業務を作り出したのではなく、ニーズが法規制に風穴を開けて、銀行でなくとも銀行類似業務をできるようにしたということです。そしてそのニーズは、インターネットの普及がもたらしたことが明記されています。「アンバンドリング」業務は、「ノンバンク・プレーヤー」や国・規制当局が作り出したものではなく、「顧客ニーズ」が生み出したものです。

　金融機関は、「ノンバンク・プレーヤー」が既存の金融規制よりも緩

やかな規制の下で金融ビジネスをできることや、制度を変更した規制当局について考えるのではなく、その根底で起こっている変化の理解に努めることが重要です。

6 「ノンバンク・プレーヤー」が満たす顧客ニーズ

これまで述べてきたような「顧客ニーズ」を、なぜ既存の「金融機関」でなく、「ノンバンク・プレーヤー」が満たすようになったのでしょうか。

●金融機関が満たせなかった「顧客ニーズ」

厳格な金融規制、特に業務範囲に係る規制によって自分たちが手掛けられない分野において起こっている環境変化に対する感度を鈍くさせたという側面と、高い参入障壁が業界内の新陳代謝を妨げて「顧客ニーズ」に応える意欲が乏しかったことが、金融規制の中ではなく、金融規制の外で革新が起こり、金融機関でない「ノンバンク・プレーヤー」が、金融業界内で満たせない「顧客ニーズ」を拾い上げたということが背景にあると考えます。

インターネットの登場とともに商品選択の主導権が顧客にシフトしたことは金融業界においても同様です。しかしながら、「スマートフォン時代」においてさえ、「個別ニーズ」に対しても規制業種ゆえの競争の乏しさからくる画一的な商品およびサービス・メニューや、長年新規参入がほとんどなく顧客や活動地域に関する暗黙の棲み分けが確立した業界特性等の要因により、他の業界で見られたような構造的転換がすぐには起きませんでした。

つまり、顧客ニーズはあってもそのニーズに応える商品・サービスを開発する意欲を持つプレーヤーが金融業界内部から出てこなかった、ということが言えます。

　既存の金融業界にとっては、参入障壁の高さと金融規制を遵守するコストの高さからくる「規模の経済」が幅を利かせる世界で採算性の低い顧客の声に耳を傾ける必要はなく、誰かが市場を大きくすればそれから参入すれば良いというのが適切な経営判断でした。インターネット登場以前は。

● 変わる金融機関の競争相手

　インターネットの登場、さらに「スマートフォンの普及」が図らずも莫大なシステム構築と厳格な金融規制によって全く一から始めるような新規参入者を阻んできた金融業界に、規模が小さくとも技術力を駆使して参入する機会が生まれたのです。「スマートフォンの普及」以前であれば成立しなかったビジネスモデルが「スマートフォンの時代」になって可能になったのです。

　前述のように「アンバンドリング」される業務は、もともと金融規制の外で「ノンバンク・プレーヤー」が提供していた業務を「金融商品・サービス化」したものと既存の金融機関であれば提供できる業務を金融機関以外の者でも提供できるように「アンバンドリング」した業務があります。こうした背景から、自然と「アンバンドリング」業務を手掛けるのは「ノンバンク・プレーヤー」という図式になっていきました。

　「ノンバンク・プレーヤー」がITを活用して革新的な金融商品・サービスを駆使して金融機関と顧客との間を「アンバンドリング」しながら従来の金融機関の市場に参入するのにはこうした背景があります。

そして、これまで述べてきたような構造的転換のなかで商品選択の主導権を持つようになった消費者は、既存のブランドにこだわることなく、日常生活の基盤であるスマートフォンで見つけた、顧客ニーズを「最も」満たす「ノンバンク・プレーヤー」が提供する金融商品やサービスを選択するようになっていったことも、「ノンバンク・プレーヤー」が「顧客ニーズ」を満たすようになってきた背景と考えられます。

　言い換えれば、金融機関だからという「安心感」がないから、顧客はベンチャー企業が提供するサービスを利用することはないだろうという考えは「思い込み」であることに気付く必要があります。

第2章
ITの発展を受けた金融規制の変化

1 フィンテックの台頭を受けた法規制対応

　金融機関にとって、「フィンテックの台頭」をはじめとする金融を取り巻く環境の変化に対して適切な対応を取るうえで、金融規制の動向について的確に理解することは重要です。

　金融商品やサービスを顧客に提供するためには、規制当局への登録や免許といった許認可の取得、リスク管理やコンプライアンスを含む態勢整備、役職員や業務範囲の制限を含む法人に係る要件の充足など多岐にわたる金融規制を遵守することが求められます。

　特に、銀行は、銀行業務以外に営むことが可能な業務範囲に厳しい制限がかけられており、自由に業務展開をできるわけではありません。現在営むことが可能な業務の範囲だけでなく、今後業務範囲がどのように変化するのかを理解することは、環境変化を踏まえ対応策を検討するうえで重要なポイントになります。

　この章では、フィンテックの台頭をはじめとする環境変化に対して日本の金融規制がどのように変化しているのか、あるいは、今後どのように変化していくのかについて考察していきます。

●近年の「フィンテックの台頭」を受けた規制当局における議論

　表1は、近年、金融庁が設置したフィンテック関連の審議会および法改正の整理です。フィンテックという一つのテーマに対して、これほど多くの審議会や有識者会議が同時期に並行して設置されることは、フィンテックの台頭という環境変化が金融業界に与える影響の大きさと変化の速さを示唆しています。

　たとえば、2015年12月に公表されている後述の二つの最終報告書も

単に対応すべき施策、つまり法改正による対応の勧告だけでなく、今後の検討課題や法改正によらず民間において取り組むことが期待される課題まで盛り込まれるなど、フィンテックの台頭が金融業界にもたらしているインパクトの大きさを表しています。

表1　金融庁におけるフィンテック関連会議体

会議体名	第1回会合日	報告書公表日	備　考
決済業務の高度化に関するスタディ・グループ	2014年10月9日	2015年4月28日	「中間整理」公表後ワーキング・グループに改組
決済業務の高度化に関するワーキング・グループ	2015年7月28日	2015年12月22日	2016年5月銀行法等の改正
金融グループを巡る制度のあり方に関するワーキング・グループ	2015年5月19日	2015年12月22日	
フィンテック・ベンチャーに関する有識者会議	2016年5月16日	審議中	エコシステムの検討のほか Regulatory sandbox導入か
決済高度化官民推進会議	2016年6月8日	審議中	アクションプランの進捗確認
金融制度ワーキング・グループ	2016年7月28日	2016年12月27日	2017年に提言に基づく法改正か

①　決済業務高度化WGと金融グループ制度WGからの二つの報告書

「フィンテックの台頭」という環境変化に対する日本における法規制上の対応は、2014年に金融審議会に設置された「決済業務等の高度

化に関するスタディ・グループ」が2015年に改組されてできた「決済業務等の高度化に関するワーキング・グループ」（以下「決済業務高度化WG」という）、および2015年に金融審議会に設置された「金融グループを巡る制度のあり方に関するワーキング・グループ」（以下「金融グループ制度WG」という）の二つの会議体から2015年12月22日に公表された、必要な法制度上の手当て等の提案を含む報告書から始まったといえます。

これら決済業務高度化WGと金融グループ制度WGから公表された二つの報告書は、決済インフラ改革および金融グループ制度改革を軸に「フィンテックの台頭」を受けた所要の制度整備を図る「アクションプラン」と位置づけられるものであり、フィンテックの幅広い論点を網羅的にカバーしつつ、法規制上および民間における取組みを含めた行動計画と今後の検討課題の提示や目指すべき方向性を示しました。

これら二つの報告書には、2016年5月の「銀行法等の改正」につながる施策の提案だけでなく、「ブロックチェーン技術の活用」や銀行システムのAPI（接続口）の公開といった今後の検討課題について、「民間における取組み」を期待する記述が含まれていました。

● 終わらない規制対応

しかしながら、「フィンテックの台頭」を受けた法規制対応はこの銀行法等の改正で終わりではありません。WG報告を受けた銀行法等の改正作業が進んでいる段階であるにもかかわらず、2016年には二つの新たな取組みが始まりました。

一つは、フィンテック・ベンチャー企業の登場・成長を促すエコシステムの構築や人工知能の金融分野での活用等について議論する「フ

ィンテック・ベンチャーに関する有識者会議」であり、もう一つは、決済業務高度化WGの報告書での具体的な施策の提言には至らなかった、規制領域をまたぐ金融サービスの提供者に対する環境整備、すなわち横断的法体系の構築に関する議論と新たに発展している顧客の委託を受けて銀行と利用者の間に立ってサービスを提供する「中間的業者」に対する環境整備に関する議論を行う「金融制度ワーキング・グループ」（以下「金融制度WG」という）です。

　後者の「金融制度WG」は、2016年12月にこれまでの議論を取りまとめた報告書を公表しており、「中間的業者」のうち家計簿アプリを提供する業者等を念頭におく「電子決済等代行業者」に対する登録制の導入等が提言されており、今後提言に沿った法改正が行われていくものと考えられます。

　こうした動きは、銀行法等の改正が「フィンテックの台頭」を受けた国内における法制度整備の完了を意味するものではなく、今後もフィンテックの進展が続き、さらなる法制度改正の可能性も含めて、今後概念や枠組みが大きく変化していくであろう「金融機関」の改革に向けた取組みが継続していくこと、およびそうした一連の取組みにおける最初のステップを刻んだにすぎないことを示唆しています。

図2 FinTechの台頭に対する国内における対応

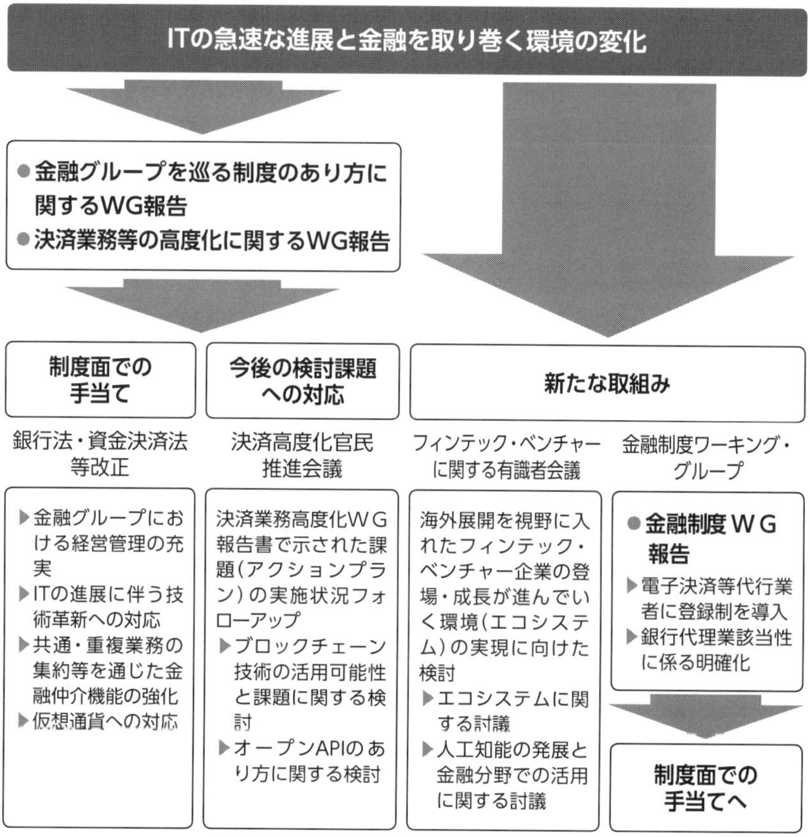

```
┌─────────────────────────────────────────┐
│  ITの急速な進展と金融を取り巻く環境の変化  │
└─────────────────────────────────────────┘
                    ↓
● 金融グループを巡る制度のあり方に関するWG報告
● 決済業務等の高度化に関するWG報告
                    ↓
```

制度面での手当て	今後の検討課題への対応	新たな取組み	
銀行法・資金決済法等改正	決済高度化官民推進会議	フィンテック・ベンチャーに関する有識者会議	金融制度ワーキング・グループ
▶金融グループにおける経営管理の充実 ▶ITの進展に伴う技術革新等への対応 ▶共通・重複業務の集約等を通じた金融仲介機能の強化 ▶仮想通貨への対応	決済業務高度化WG報告書で示された課題（アクションプラン）の実施状況フォローアップ ▶ブロックチェーン技術の活用可能性と課題に関する検討 ▶オープンAPIのあり方に関する検討	海外展開を視野に入れたフィンテック・ベンチャー企業の登場・成長が進んでいく環境（エコシステム）の実現に向けた検討 ▶エコシステムに関する討議 ▶人工知能の発展と金融分野での活用に関する討議	●**金融制度WG報告** ▶電子決済等代行業者に登録制を導入 ▶銀行代理業該当性に係る明確化 ↓ **制度面での手当てへ**

② 銀行法等の改正

　銀行および銀行持株会社による金融関連IT企業等への出資の容易化や仮想通貨の交換業者に対する登録制の導入を求める前述の「アクションプラン」に基づいて、2016年5月25日、銀行法や資金決済法を改正する「情報通信技術の進展等の環境変化に対応するための銀行法等の一部を改正する法律」が成立しました。

この銀行法等の改正は、2016年6月3日の公布の日から1年以内の政令で定める日より施行されることとされており、今のところ2017年4月が予定されています。

　銀行法等の改正においては、金融グループにおける経営管理の充実策として銀行持株会社が果たすべき機能を明確化するといった対象となる主体すべてに対して一定の対応を求める改正が含まれているものの、ITの進展に伴う技術革新への対応として個別に認可を取得したうえで金融関連IT企業に対する出資上限が緩和されたり、共通・重複業務の集約の容易化が図られたりするなど、全体として銀行にとっては経営戦略上の選択肢を増やす内容となっています。

　そうした意味では、銀行は、「フィンテックの台頭」に対して、銀行法の改正によって拡大した経営上の選択肢を今後どのように活用していくのかという戦略が問われているといえます。

　なお、銀行とともに金融規制のなかで最も厳格な「免許」が求められる金融商品取引所や清算機関についても「金融グループ制度WG」が取りまとめた報告書において、銀行等のように柔軟な業務展開を可能にすることを検討すべきと指摘されたことを受けて、同様に柔軟な業務展開を可能とするよう検討が進められています。

　具体的には、他の課題に係る議論を合わせた形ではあるものの日本の市場・取引所を巡る問題について幅広い検討を行うために設置された「市場ワーキング・グループ」から2017年12月22日に公表された報告書において、取引所の円滑な業務運営に資する関連業務について認可できるようにすることが提言されており、今後提言に沿った法改正が行われていくものと考えられます。

●銀行法等の改正が示唆するもの

　この銀行法等の改正からは二つの示唆が読み取れます。一つは、今回の法改正で対象となったのは銀行等であって、その他の証券会社（金融商品取引法）や保険会社（保険業法）は改正されていないということです。「フィンテックの台頭」は、銀行だけでなくこうした他の業態の金融機関にも影響を与えるものですが、今回の法改正では対象となりませんでした。

　そもそもの発端が決済業務の高度化に対する問題意識から始まったこともありますが、「フィンテックの台頭」の影響を受けるのは、金融機関のなかでも特に銀行に与える影響が大きいことを示唆しているともいえます。事実、銀行法等とともに改正されたのは「アンバンドリング」した銀行業務を規制する資金決済法であることからも、決済をはじめとする銀行業務への影響が大きいことが窺えます。

　もう一つ示唆されている点は、前述のように規制が緩和される方向で改正されていることです。これまで一般の事業会社よりも厳しい金融規制に服している金融機関のなかでも最も厳格な規制である銀行法が緩和されるということは、山の頂上を削って高低差を縮小させるように業態間の規制水準の差異を縮小（フラット化）させることを意味します。

　他方で、前述のように資金決済法上の業態間の規制水準のバラツキに着目したり、これまで規制が捉えてこなかった家計簿アプリ業者などの「電子決済等代行業者」を新たな規制対象にすることが提言されていたり、後述のように「仮想通貨交換業者」も規制対象外から金融規制の対象となるなど、「金融機関」のすそ野は広がっています。この裾野が広がりながら頂上が低くなっていることが意味することについては、本章後半において考察していきます。

● 仮想通貨に与えられる法的位置づけ

　今回の銀行法等の改正において、銀行や銀行持株会社による金融関連IT企業への出資規制の緩和とともに注目されているもう一つの改正点は、ビットコイン等の仮想通貨への対応、具体的には、資金決済法の改正により仮想通貨と法定通貨または仮想通貨同士の交換を業として行う者に対して、金融庁への登録を求める制度を導入し、金融庁が所管することが明確化されたことです。

　現時点では金融規制に服していない仮想通貨交換業者も、今後日本でビジネスを行うためには金融庁に登録するとともに、利用者が預託した金銭・仮想通貨の分別管理等のルール整備など利用者保護が求められ、国際的なマネロン・テロ資金供与対策に向けた要請を踏まえた本人確認等が義務づけられることになります。

　この資金決済法の改正により、日本において仮想通貨に初めて法的位置づけが与えられることになります。法人が仮想通貨を利用しやすくなるなど普及に向けて一定の効果があるものと見込まれます。

● 留意すべき「仮想通貨の普及」がもたらすインパクト

　仮想通貨は、後述する資金決済に係るパブリック型ブロックチェーンと捉えることが可能と考えられます。利用者の視点から見ると、現在盛んに研究されているプライベート型ブロックチェーン技術を活用した資金移転とそれほど大きな違いは感じられないかもしれません。しかしながら、銀行にとっては仮想通貨を使った送金や資金決済は、銀行口座を経由せずに行うことが可能になることから破壊的な影響があります。

　なぜなら、仮想通貨によって失うものは、単なる銀行口座を通じた金融取引から生じる手数料等の収益源だけでなく、「顧客とのインタ

ーフェイス」であるからです。さまざまな金融商品の取引の入口となるインターフェイスを失うことは大きな機会損失であるばかりでなく、決済口座という貴重な顧客の経済活動に係る情報源を失うことにつながります。

　今後顧客の「個別ニーズ」を把握することがより重要な「付加価値の源泉」となる時代において、「顧客とのインターフェイス」を引き続き維持できるかどうかというのは、銀行にとっては、将来のビジネスモデルを考えるうえでは非常に重要な意味を持ってきます。

　「仮想通貨の普及」が銀行に及ぼす影響については、第5章において詳しく考察します。

③　決済高度化官民推進会議

　「決済業務高度化WG」が取りまとめた報告書において、「決済業務高度化に向けた取組みの進捗状況をフォローアップするとともに、海外の動向や決済高度化に関連するイノベーションの状況等を踏まえながら、継続的に課題と行動を特定し、それらを官民挙げて実行に移していくことが必要」とされたことを受けて、2016年6月、金融庁に「決済高度化官民推進会議」が設置されました。

　こうした動きは、「決済業務高度化WG」では結論を得なかった今後の検討課題や、法規制対応ではなく民間における取組みが求められる事項についても、単に取組みを期待するという報告書の公表で終わることなく、継続的なフォローアップを図ることによって積み残した課題の解決に向けて議論を進め、提言の実効性を確保するよう検討を重ねられていることがわかります。

　このことは、取り上げられている検討課題や項目については、何らかの形で実現することを前提にして今後のビジネス戦略を構築してい

くことが賢明であることを示しています。

たとえば、実際に全国銀行協会において「オープンAPIのあり方に関する検討会」や「ブロックチェーン技術の活用可能性と課題に関する検討会」が設置されるなど、報告書の提言に沿った取組みが民間において進められています。

●注目すべき取組み項目

「決済高度化官民推進会議」では、表2にある13の項目についてフォローアップすることが検討されています。これらの項目のうち、特に本書のテーマである金融業界に構造的転換をもたらす原動力として関係が深いのは、「ブロックチェーン技術の活用」等に関する検討と「オープンAPI」のあり方に関する検討です。

これら二つのフォローアップ事項に係る民間の取組状況について、「決済高度化官民推進会議」における議論では、全国銀行協会より現在の取組状況および今後の計画について表2のように報告されています。

表2 決済高度化官民推進会議におけるフォローアップ検討項目

1. XML電文への移行	ブロックチェーン技術の活用可能性と課題に関する検討
2. 送金フォーマット項目の国際標準化	● 2016年7月、各銀行における取組状況や活用上の課題等に関するアンケート調査を実施し、論点を洗い出し ● 2016年12月、銀行界、フィンテック事業者、IT事業者、金融行政当局等をメンバーとする検討会を設置 ● 2016年度中を目途に報告をとりまとめ予定
3. 国際送金における「ロー・バリュー送金」の提供	
4. 大口送金の利便性向上	
5. 非居住者口座に係る円送金の効率性向上	
6. 携帯電話番号を利用した送金サービスの検討	
7. ブロックチェーン技術の活用可能性と課題に関する検討	
8. オープンAPIのあり方に関する検討	オープンAPIのあり方に係る取組み・計画
9. 全銀ネットの有識者会議の運営見直し	● 2016年7月、各銀行における取組状況や活用上の課題等に関するアンケート調査を実施し、論点を洗い出し ● 2016年10月、銀行界、フィンテック事業者、IT事業者、金融行政当局等をメンバーとする検討会を設置 ● 今後、報告をとりまとめ予定
10. 電子記録債権を巡る課題への対応	
11. CMS高度化に向けた取組み	
12. 外為報告の合理化	
13. 情報セキュリティ	

　この13項目の中で「ブロックチェーン技術の活用」と「オープンAPI」が特に重要だと考える理由としては、今後の付加価値の源泉が「個別ニーズ」を満たすことにシフトしていくなかで、これらの普及が顧客に係る情報の流れをこれまでと大きく変えるものだと考えているからです。

「個別ニーズ」を把握するために有用な情報が重要な意味を持ってくるなかで、これらの技術がどのような帰趨を辿るかについては、金融機関の競争環境や収益力にも大きく影響すると考えられることから、2017年3月あるいはそれ以降に公表されると見込まれる報告書の内容も含めて議論の動向には注視していく必要があると考えます。

④　フィンテック・ベンチャーに関する有識者会議

フィンテック・ベンチャー企業の登場・成長が進んでいく環境（エコシステム）の整備等について議論する「フィンテック・ベンチャーに関する有識者会議」が2016年4月27日に金融庁に設置されました。

● フィンテック・ベンチャーの登場・成長を注視する規制当局

この有識者会議で注目すべき点は二つです。一つは、国内金融市場および金融機関を監督する当局が金融機関の「監督」ではなく、フィンテック・ベンチャー企業の「登場・成長」が進んでいく環境の整備を課題として捉えていることです。

これは、既存の金融機関が解決できない課題について、こうしたフィンテック・ベンチャー企業の登場・成長が解決に必要だと認識しているということが考えられます。言い換えれば、既存の金融機関は、現状に留まるだけでは十分に求められている機能を提供できていないと規制当局から捉えられていることを示唆している可能性に留意する必要があります。

● 望まれる海外でも勝てる日本のプレーヤー

もう一つ注目すべき点は、日本発の「国際的な」フィンテック・ベンチャー企業の創出が課題とされていることです。これは、今後の金

融ビジネスにおいては、日本に留まるようなビジネスモデルでは成長していくことが難しい、あるいは競争に勝ち抜くことが難しくなると考えられているともいえます。

利用者利便の観点からは、より利便性の高いサービスが利用者に提供されることが望ましいですが、利用者保護の観点からは、国内金融市場において金融サービスを提供する者に対する十分な監督権限および法執行手段が確保されていることが望ましいことがあります。

かつて、外資系金融機関に対する行政処分が続いたことがありました。そうした金融機関は主としてホールセール業務中心であったのに対して、今後フィンテック・ベンチャー企業が提供する金融サービスは基本的にリテール向けが多くなりますので、監督上の観点からはより一層注視するとともに、国内フィンテック・ベンチャーおよび金融機関が日本の顧客に対して金融サービスを提供していくことが期待されていると考えられます。

●エコシステムの構築に向けたさらなる規制対応の可能性

他方で、法規制上の手当てのみでこのような動きを推進することは難しく、むしろ規制内容次第では革新的な金融商品やサービスの登場および革新的なビジネスを展開するベンチャー企業の登場を妨げる可能性もあります。こうしたことから、他の関係機関とも連携を図りながら、エコシステムの構築という目的を達成するために、たとえば世界的に導入が相次いでいる一定の要件の下で一定の範囲に業務を限定しながら金融規制の適用を免除する「Regulatory Sandbox」と呼ばれる手法に類似したアプローチが採用される可能性は低くないと考えます。

また、本有識者会議の第2回の会合では、「人工知能」の金融分野へ

の活用について議論されました。詳細は後述しますが、「人工知能」がもたらす金融業界へのインパクトは、ブロックチェーン以上のものがあると考えています。それほど既存の仕組みを大きく変える可能性がある「人工知能」の普及は、一方で既存の法規制の枠組みでは捉え切れないことも示唆しています。

したがって、現時点で何か明確な動きが見えているわけではないものの、金融機関は、この領域における有識者会議の議論についても注視していく必要があると考えます。

⑤ 金融制度ワーキング・グループ

2016年7月に設置された「金融制度WG」では、決済を巡る法制度の全体像・相互関係等を十分に踏まえ、それらの整合性を確保していく必要があるとの観点から、規制領域をまたがるサービス等に係る環境整備および中間的業者に係る環境整備の二つの論点について議論を進めていました。

2016年12月27日、前述の論点に関する議論をとりまとめた報告書が公表され、規制領域をまたがるサービス等に係る環境整備に関して法改正につながるような提言は見当たらないものの、「中間的業者」については、家計簿アプリ業者等を念頭においた「電子決済等代行業者」に対する登録制の導入などが提言されています。

登録制の導入以外では、今後金融機関と電子決済等代行業者間の責任分担ルールの策定やオープンAPIに係る金融機関のシステムへの接続に係る基準の策定が行われると考えられることにも注目していく必要があります。

● 規制領域をまたがるサービス等に係る環境整備

　ITの発展により、たとえば各々は登録制であるプリペイドカード業務（前払式支払手段発行）と資金移動業および貸金業を組み合わせて、単一の企業が規制領域をまたがる異なるサービス等を展開し、免許なしに銀行と同様の業務を営むことが可能となる余地が拡大しています。

　このことから、規制の不整合が恣意的に利用され、結果として取引の安全性等が適切に確保されないおそれがあるとの懸念が指摘され、横断的な法体系の構築に向けた検討が進められました。

● 銀行の為替取引と資金移動業

　なお、この論点に関連して、預金を受け入れずに為替取引を行う業者に対しては、銀行規制を適用すべきでないと指摘する研究が日本銀行から2016年9月に公表されるなど、資金移動業の見直しだけでなく、銀行固有業務の見直しにもつながる提言が示されていることに留意が必要です。

　たとえば、現在100万円以下に限定されている資金移動業について、預金を受け入れないことを要件に金額の上限が撤廃されるかもしれません。その場合は、銀行法上の「銀行業務」の定義も変わり、あらゆる為替取引の提供に対して銀行免許を求めるのではなく、預金を受け入れた場合のみに限定されることになるかもしれません。

● 銀行規制とのバランスの見直し

　リテール決済分野における「フィンテックの台頭」の多くは、「為替取引」および「預金の受入れと貸付け」を銀行の固有業務とする現行の法体系のなかで、当該固有業務の一部あるいはそれらに隣接する業務分野において、厳格な規制を課す銀行法と比べて緩やかな規制の下

で業務を行うことができる枠組みに基づいて起こっています。

　銀行業務の「アンバンドリング」化は、こうした枠組みの下で進み、表3のように銀行固有業務は、一定の要件の下で「前払式支払手段」（プリペイドカード）、「資金移動業」、「貸金業」といった業務を、銀行免許を取得することなく業務展開できるようになっており、「ノンバンク・プレーヤー」がこうした枠組みを活用してフィンテック・ビジネスを展開しています。

　最近では、各種決済サービスの機能進化が進み、たとえば決済サービスと貸金業務を組み合わせること等により、アンバンドリング業務すべてを手掛ける総合的な金融サービスの提供が出現しつつあります。つまり、資金移動業（為替取引）、プリペイドカード（預金の受入れ）および貸金業務（貸付け）を総合的に提供することにより、銀行固有業務類似のビジネスを銀行法よりも緩やかな規制の下で行うノンバンク・プレーヤーが出現しつつあるということです。

　「金融制度WG」では、当初、主として「アンバンドリング」業務間の規制水準の整合について議論が進められていましたが、こうした各種業務間の規制レベルの整合性に係る課題に加えて、将来的には、「ノンバンク・プレーヤー」と銀行との規制レベルの差異のあり方についても今後の課題として浮かび上がってくるのではないかと考えています。その場合、「金融機関」間の規制水準は包括的に見直され、限りなく「規制のフラット化」が進むものと考えます。

表3 従来の銀行業務とアンバンドリングされる業務

銀行固有業務	預金	為替取引	貸付け
類似業務	前払式支払手段発行業	資金移動業	貸金業
根拠法	資金決済法	資金決済法	貸金業法
規制水準	自家型：届出制 第三者型：登録制	登録制	登録制
業務内容	前払式支払手段（原則払い戻し禁止）の発行	為替取引（資金移動）（少額に限る）	金銭の貸付け等
業者数 2016年12月末現在	自家型：859 第三者型：998	47	286

金融庁HP等よりKPMG作成

● 中間的業者に係る環境整備

　フィンテックのビジネス領域の進展に伴い、銀行等と利用者の間に立ってサービスを提供する「中間的業者」が登場していますが、なかには現行の「銀行代理業」または「銀行の外部委託先管理」という規制の枠組みでは捉えきれない業務があります。

　たとえば、「中間的業者」が、銀行からの委託ではなく、顧客からの委託に基づき主導的な立場に立ってサービスを展開する場合、「中間的業者」を「銀行の代理業者」または「銀行の外部委託先」として捉える規制が、業の実態と適合的といえないことから、適切な規制のあり方について議論が進められています。

　金融制度WGにおける議論が進んでいく過程で、具体的な「中間的業者」として、金融機関と顧客との間に立ち、顧客からの委託を受けて、ITを活用した決済指図の伝達や金融機関における口座情報の取

得・顧客への提供を行う「電子決済等代行業者」が取り上げられ、顧客から資金を預かることがないことを前提に、一定の人的構成要件・財務要件とともに適切な情報管理や業務管理体制の整備を求める登録制度の導入が提言されました。

● 拡大する「金融機関」の概念

　このように金融規制に服する「金融機関」の概念は拡大を続けており、金融業界と非金融業界の垣根はますます低くなっています。

　たとえば、異業種からの銀行業参入に対して、銀行からは、イコール・フッティングの観点から今回の銀行法改正にとどまらず業務範囲規制のさらなる柔軟化を求める声が挙げられています。このことは、銀行自身も非金融ビジネスを含めたビジネス・ポートフォリオの拡大を志向していることを示していると考えられます。

2　続々誕生する新しい「金融機関」

　現在ITの発展によってもたらされている構造的転換が「金融機関」のあり方を大きく変えていることは先述の通りですが、では、「金融機関」とは何でしょうか。銀行、保険会社、証券会社、このあたりは「金融機関」といった時に共通してイメージされる業態ではないでしょうか。では、日本銀行、ゆうちょ銀行、保険代理店、証券取引所、資産運用会社、ファイナンシャルアドバイザー、クレジットカード会社、消費者金融、質屋は「金融機関」でしょうか。

　「金融機関」といった時にいったいどこからどこまでが「金融機関」に含まれるのでしょうか。もちろん、法律上の定義は存在しますが、

その目的等により定義に含まれる業態の範囲はさまざまです。改めて問われると難しい問題のように感じますが、本書では、便宜的に日本の金融規制当局である金融庁が所管する法令、いわゆる金融規制に服する法人を「金融機関」と定義したいと思います。

●減少する「金融機関」と増加する「金融機関」

　伝統的な金融機関として一般的にイメージされるのは、銀行、証券会社（金融商品取引業者）および保険会社といったところでしょうか。この３業態については、長い間大幅な業者の入れ替わりはなく、ネット銀行やネット証券の登場、あるいは生保および損保の相互乗り入れ、３業態の中の金融機関の子会社として別の３業態に進出するといったことによって一時的に業者数が増加したことはあるものの、全体として長期的に漸減傾向であることが特徴として挙げられます。

　一方で、もともと金融機関でなかった、つまり金融規制に服していなかった業態が金融規制に服する形で「金融機関」となった業態については、近年でも業者数の増加傾向が見られます。代表的な「金融機関」としては、資金決済法上の前払式支払手段発行者や資金移動業者などが挙げられます。こうした業者は近年新たな決済サービスを利用者に提供するとともに、一般の事業会社よりも厳格な金融規制に服することになります。

　業態の特性上必ずしも多数の対象者がいるわけではありませんが、これらの業者以外にも次々と新しい「金融機関」が誕生しています。金融商品取引法では、信用格付業者、特定金融指標算出機関、金融商品取引清算機関、取引情報蓄積機関といった主として金融危機を受けた国際的な金融規制の厳格化の流れから「金融機関化」した業者も多数います。

> **図3** 金融規制に服する主体の拡大

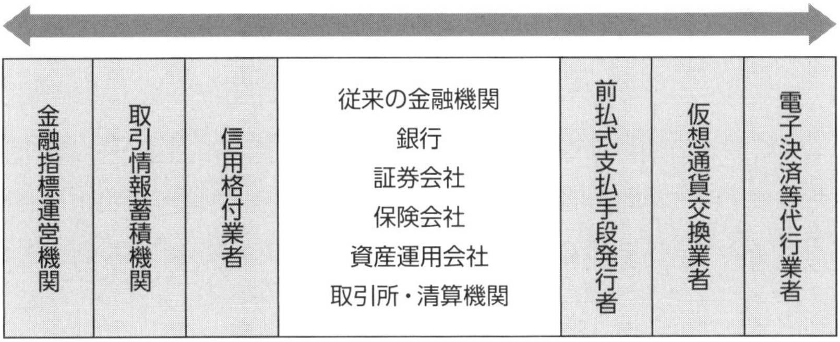

金融指標運営機関	取引情報蓄積機関	信用格付業者	従来の金融機関 銀行 証券会社 保険会社 資産運用会社 取引所・清算機関	前払式支払手段発行者	仮想通貨交換業者	電子決済等代行業者

● **変化するビジネスモデル構築の前提**

いずれにしても、このように金融商品・サービスをめぐる規制の範囲は拡大を続けており、従来の金融機関と非金融機関、金融商品やサービスとそれ以外の商品やサービスの垣根が低くなっていることは確実です。金融規制の範囲が変わることは、金融機関にとっては競争相手および競合する商品やサービスといったビジネスモデルを構築するうえでの前提が変わるということを意味します。

このように次々と金融規制の対象が変化する時期においては、新しく登場した金融機関および金融商品やサービスだけでなく、今後登場することが見込まれる金融機関および金融商品やサービスについても十分な情報・分析を加味したうえでビジネスモデルの見直しを継続的に進めていくことが求められます。

たとえば、前述のように銀行法等とともに2016年5月に成立した資金決済法の改正に伴って、新たに仮想通貨交換業者が金融規制に服するほか、2016年12月に金融制度WGから公表された報告書においても銀行等と利用者の間に立ってサービスを提供する「中間的業者」のうち、家計簿アプリの提供業者等を念頭に置いた「電子決済等代行業者」

に対する登録制の導入が提言されました。

　金融機関は、単にこうした規制が導入あるいは検討されているということだけでなく、そのような規制が検討されるようになった背景についても理解していく必要があります。金融規制に服するということはそれだけ金融ビジネスに影響のある業務内容であり、かつ、その影響力が拡大していることを示唆しています。「電子決済等代行業者」については、家計簿アプリの提供業者などが念頭に置かれているようですが、将来的に決済ビジネスへの本格参入が見込まれる巨大商流プラットフォーマー等にも当てはまる可能性があると考えています。

● 数年先の規制を読む

　どのようなビジネスであっても変化を先取りすることは重要です。金融ビジネスの場合は、市場環境や競争環境だけでなく、金融規制の動向についても可能な限り変化を先取りしていくことが求められます。

　その点では、金融規制の法律レベルでの改正にはさまざまな、けれど一定の段階を経て施行にたどりつくものであり、要点を押さえることにより、数年先の法改正の動向が読めるようになっています。

　法律を新設または改正するには通常、国会の承認を得るなど立法府における審議・承認プロセスが必要になります。日本において、銀行法といった金融規制に関して重要な法律レベルの改正を行うためには、一般的に行政府関係者でない有識者によって構成される審議会において法改正の要否等について議論を行い、審議会の結論として法改正が必要となった後にようやく実際の法改正作業に入り、通常国会等国会の会期中に議論され、法改正が承認され改正法が成立します。

　その後、銀行法施行令（政令）や銀行法施行規則（府令）などの法律よりも位置づけが低い下位法令が整備された後、改正法の公布から

数か月〜数年後にようやく施行されるという流れになります。

このため、環境の急速な変化への対応は、どうしても遅れる傾向がありますが、見方を変えると、審議会での議論を分析すれば数年先の法改正の動向が読めるということになります。

現時点でフィンテックの台頭に対する対応として最も進んでいる法規制の整備は、2016年5月に成立した銀行法等の改正です。公布から1年以内に施行されますので、2017年春ごろにはフィンテック対応の法改正第一弾が施行されるという段階であることがわかります。

一方、この先を見るとまだまだ法改正が続きそうであることがわかります。前述した「金融制度ワーキング・グループ」では「前払式支払手段発行業」や「資金移動業」といったフィンテック関連業の規制を整合的にすることが検討されています。また、これまで規制の対象外であった家計簿アプリ等を提供する「電子決済等代行業者」についても新たに登録制が導入されることが見込まれます。

金融機関は、こうした金融業界の枠組みの変化についても視野に入れたうえで今後の金融ビジネスのあり方について検討していく必要があります。

3 フラット化する規制水準

前述のように金融制度WGにおける議論では、当初、業態の領域をまたがって業務を展開する企業に対する規制のあり方、言い換えれば、業態間の規制水準のばらつきを平準化する検討が進められていましたが、金融制度WGから公表された報告書では、今観点から法改正を促すような提言が含まれていませんでした。

しかしながら、これらの議論は、今後も行わないということではなく、むしろ、単に新しい金融機関に対する規制水準や規制アプローチの問題だけにとどめるのではなく、いずれ、銀行や証券会社、保険会社といった既存の主要な「金融機関」も巻き込んだ形で新しい金融機関との規制水準の平準化や業態ごとに定められた業務範囲といった規制のあり方そのものを抜本的に見直す動きに発展していくと考えます。場合によっては、かつての金融ビッグバンや証券取引法等いくつかの業法を統合した金融商品取引法の誕生を越えるような大きな金融規制の再編が起こるかもしれません。

● **大きく変化する「金融機関」の枠組み**
　次々と新たな「金融機関」が生まれる一方で、伝統的な金融機関3業態は漸減傾向です。
　新しい金融機関は、ITの発展を活用し革新的な金融サービスを、時には既存の金融機関と利用者の間を「アンバンドリング」しながら利用者に提供する一方、「アンバンドリング」される側の「現在」の金融機関が享受できる収益は全体として減少していくことから、さらなる再編に伴う業者数の減少が見込まれます。
　未来の「金融商品」と「金融サービス」については、フィンテックの台頭を通じた活発な事業創造を通じてすでにその片鱗は見えてきています。その具体的な商品やサービスの例については、次の第3章において詳細に触れたいと思います。
　今後数年あるいはそれ以上の時間を経て新しい金融機関の台頭と既存の金融機関の衰退による過去に経験したことのない規模の新陳代謝が金融業界に起こると考えます。それに併せて規制水準も含めた法規制の枠組みも大きく変わり、「金融機関」の概念は実態としても法的に

も大きく変わるでしょう。

　「未来」の金融機関が、「現在」の金融機関であるのか今後「金融機関化」する企業なのかはわかりません。なぜなら、金融機関として金融サービスを提供していくうえで必要なことは、過去どの業態であったかではなく、この構造的転換がもたらす変化を的確に捉え、新しい金融業界で生き残れるビジネスモデルを構築できた企業であるかどうかが重要であるからです。

第3章
革新的な金融商品・サービスの登場

1 アンバンドリングとノンバンク・プレーヤー

　ITの発展に伴い、これまで新規参入が難しかった金融業界に新たなプレーヤーが参入できる環境が整ってきました。従来、金融業界に参入するためには、莫大なシステム投資と厳格な金融規制を遵守するための体制整備や、顧客基盤を構築するための利用者からの高い信頼が必要でしたが、近年ITとアイデアをベースにしたベンチャー企業が革新的なアプローチにより次々と金融業界に参入してきています。

　KPMGのレポートによると、こうしたベンチャー企業が参入する金融ビジネスは一様ではないものの、主として、「決済」や「融資」といった銀行業務に多いことがわかります。

　なお、フィンテックの台頭については、先進国や新興国を問わず起こっていますが、どのようなフィンテック・ビジネスが発展するかは、各国の金融規制も含めた金融市場を取り巻く環境によって大きく異なることがわかります。地域別では2016年で14社がアジアから選出されていますが、日本の企業はゼロで、アジアのはとんどは中国企業となっています。また、中国のフィンテック・ベンチャー企業には融資に係るビジネスを手掛ける企業が多いことも特徴として挙げられます。

　このような金融におけるIT系ベンチャー企業をフィンテック企業と呼んでいます。フィンテック企業は最初からすべての金融業務をターゲットにはしておらず、ユーザーに対して既存の金融商品・サービスより低コストで利便性の高い商品・サービスを提供できる分野に特化して参入しています。

表4　世界のFinTech100社

地域別に見た2015年・2016年のフィンテック100		
	2015年	2016年
米国	40社	35社
欧州、中東、アフリカ	20社	28社
アジア	12社	14社
英国	18社	13社
オーストラリアとNZ	10社	10社

セクター別に見た2015年・2016年のフィンテック100			
2015年		2016年	
決済	25社	融資	32社
融資	22社	決済	18社
資産管理	14社	保険	12社
保険	7社	Reg Tech	9社
		データ分析	7社

KPMG「フィンテック100　最も成功しているグローバルなフィンテックイノベーター2015年版レポートおよび2016年版レポート」

　既存の金融機関からすると、金融規制等によって新規参入が難しいなか、一定の収益を確保できること等から、「顧客ニーズ」への対応がなかなか進まなかった金融商品・サービスの領域に、突如金融業界の外から競争相手が現れた状況になっています。

　こうした環境の変化に対して、既存の金融機関は、アライアンスや買収により、新しい技術やノウハウを取得して、巻き返しを図ろうとしています。この章ではフィンテックによってもたらされた新しい金融商品およびサービスについて紹介します。

2 フィンテックの実態

① モバイルバンキング

　日本でモバイルバンキングと言えば、支店の窓口で行うことをスマートフォンでもできます、といったあくまで支店窓口を代替するシステムですが、シンガポールの地場銀行であるDBSは、インド市場を攻略するためにインド国内に支店を出すのではなく、「digibank」というモバイルバンキングだけの会社を設置しました。売り文句は、7％の金利と、ATM手数料が無料、バーチャル・アシスタントによる24時間／365日サポートです。提供するサービス・メニューは必要にして充分なものに特化しています。さらに個人資産管理やキャッシュバック、さまざまなクーポンの提供など、スマートフォンアプリならではの機能も付加されています。

　DBSは、ITを最大限活用し、バックオフィス業務も含めて総勢数十名程度でdigibankを運営しています。たとえば、コールセンターは設けず、基本的にはチャットで対応します。もちろんチャットの対応は人工知能を使ったもので、人的リソースを必要とするものではありません。社内の業務プロセスも自動化を最大限進めており、業務量が増えても人員を増やさなくてもよいように設計されています。

　このように最少人員で業務を行うことで直接的なコスト面でのメリットがあるのはもちろんですが、インドのようにこれから爆発的に業務量が増える可能性がある市場においては、規模に見合った人員を都度採用することが難しく、採用がボトルネックとなり機会損失が発生するというリスクを軽減するメリットもあります。最初から人を増やさなくても業務が回るように設計されていれば、異国での採用活動や

組織立上げなどに必要以上の時間をかけることなく一気呵成にビジネスを拡大していくことができます。

今後、さまざまな会社の業務が自動化されていくなかで、人材マネジメント業務を最小限に留めるというのは、グローバル競争時代における経営戦略上の競争力の源泉の一つだと考えられます。また、これまでと異なるアプローチでユーザーとつながっていくというモデルは、フィンテックで銀行はなくなるという意見に対して示された新しい銀行の姿とも言えます。

② モバイル決済

モバイル決済の進展は、本人認証の技術が向上してきたことが大きな要因の一つと考えます。これまでは、クレジットカード番号や暗証番号をPCに入力することを敬遠する消費者が多く、Eコマースでのクレジット決済比率で日本は、先進国の中でも低い状態が続いていました。また、本人認証のために、トークン（ワンタイムパスワード生成器）の機器を別に配布したり、WEBのように別の暗証番号を設定して郵送したりするなど非常に厳しいセキュリティ対策が取られてきました。

しかしながら、指紋認証技術の向上と、スマートフォンの実機そのものへの信頼性の向上から、モバイルでの決済の利用が一段と増えています。たとえばLiquidは、日本でいち早く指紋認証を使った決済サービスを立ち上げてビジネスを展開しています。財布などを持たずに指紋認証だけでさまざまなものが買えるという使いやすさによりテーマパークや温泉地などで利用が始まっています。

今後は、インバウンド需要の増加に対応してパスポートなしでの買い物を簡単にできるようにする実験を進めています。店舗側のソリュ

ーションという意味では、米国から上陸してきたスクエアのように、スマートフォンにつけるだけでカード決済が可能になるサービスも始まっています。手数料率の低さと売上分析などの付加サービスにより、導入店舗も増えてきました。決済の手数料ビジネスだけでなく、加盟店への貸付サービスも行っています。

　Uberもどこにでもタクシーを呼べるということだけでなく、決済をアプリ上で直接行える仕組みがあるために、運転手との現金のやりとりやチップの手間などを省くことができ、より一層利便性を高めることができました。

　アップルペイやグーグルペイメントも注目すべきサービスです。アップルやGoogleが決済手数料を期待してビジネスを行っているわけではありませんが、顧客接点を重要視するアップルやグーグルにとって、決済のプラットフォームとしてモバイル端末を利用してもらうことは自然の成り行きと考えられます。いまでも、ソーシャルゲームの課金など、AppStoreなどを利用した決済が利用された場合、ユーザーの支払った金額の何割かは必ずプラットフォーム業者に中抜きされています。アップルペイやグーグルペイメントによって、消費者の利用する決済手段が変わってくると、さまざまな既存金融機関が影響を受けることが予想されます。

　携帯キャリアは、自社内に経済圏を作り出すために、自社カードを使った時のメリットを打ち出していくことになります。クレジットカード会社も飽和しているカード会員の新規開拓のインフラとして利用することができるでしょう。また、SUICAを発行しているJR東日本にも大きなチャンスとなります。駅やコンビニでアップルペイなどが利用されるようになれば、利便性に劣る他の既存のポイントカードの利用が減っていくことも考えられますし、小口での現金利用が加速度

的に減っていくかもしれません。

③　個人間送金

個人間で送金を行う場合、距離的な問題で手渡すことができなければ、今までは銀行口座を介するか、現金書留で送るかのどちらかしかありませんでした。しかし、送金に関するさまざまな手間と費用は日本国内であっても一件ごとにかかりますし、国を跨る場合は為替の問題はあるにせよ、一気にコストが高くなり時間もかかります。

誰もが考えるこの課題に対しては、いくつものサービスが立ち上がっています。一例として、ソフトバンクのカードは銀行を通さずに、個人間で現金Valueと呼ばれるお金を無料でやり取りできます。現金ValueはATMで引き出すことができますが、プリペイドカードとしてそのまま使用することもできます。海外に行っても国内から無料で送金できますし、瞬時に指定した金額を移動させることができます。LINE Payも割り勘サービスとして個人間でお金を無料でやり取りすることができます。

今後は、ブロックチェーン技術を活用したインフラやビットコインなどの仮想通貨を使って、格安の手数料で国際送金を行えるサービスが続々と立ち上がってくると思われます。既存通貨の為替相場よりもビットコインとの交換価値の方が世界的に重要になる日も近いと思われます。

④　銀行インフラ

まだ時間はかかりますが、経済的なインパクトが最も大きいのは、この分野だと考えられます。金融ビジネスは、IT産業にとっても大きな市場であるため、IT業界全体にも大きなインパクトをもたらします。

フィンテックというキーワードが出現した頃は、銀行で現在使われているシステムのことだと思われた方も多いのではないかと思います。事実、「当行は毎年何百億円もシステム投資しているので、立派なフィンテック企業である」という発言を耳にしたこともあります。もちろん、金融はそもそもITがなければ成り立たない産業であるため、大規模なシステム投資が毎年行われています。ただし、この莫大な予算も、8割は既存のシステムを保守運用するだけに使われていると言われています。もしこのシステムを簡易に置き換えるサービスが始まれば、本当にIT業界の市場環境が大きく変わってしまうことになるでしょう。

　すでに、欧米の金融機関では、IT投資の一部をフィンテックに関わる研究や買収の費用に充てると宣言しています。既存のITへの投資を減らすという決断を行うことで、他社よりも莫大な資金を早く投入することができますが、その決断を行わずにあくまで新たな研究投資枠としてフィンテックを位置づけていると、海外の投資規模に追い付けなくなります。

　フィンテック・ベンチャーへの投資の特徴は、このような事業会社の投資が3割近くを占めています。現在は、人工知能やUX（ユーザーエクスペリエンス）など周辺技術への投資と同様に、ブロックチェーン技術への投資も重要な投資となります。

　まだ技術インフラとして未成熟と言われているブロックチェーンですが、IT企業や大手金融機関が盛んに投資と研究を行っており、近い将来に技術が成熟してくると思われます。そうなると、いままでは大規模なサーバで一元的に管理されていた情報が、ネットワーク内の分散型台帳で管理されることで、コストを劇的に下げることが可能となります。

日本取引所グループが2016年が9月に発表したレポートにあるとおり、現時点では、スピードや情報の秘匿性、信頼性などにおいて技術的な課題が存在しており、すぐに現行の技術を置き換えるインフラとしては使えないと思われますが、米国では未公開株取引の市場で利用されるなど、徐々に実績も蓄積されてきています。

　特に、Google出身のPaul Taylorが発表したVault OSは、それらの課題をクリアするために中央集権型のブロックチェーン技術を採用し、銀行の基幹システムを標準的なOSとしてサービス提供することを目指しています。そうなると、各金融機関はそういった低コストのサービスを業務ごとに選んで利用する形に変わっていくようになります。

　金融機関だけではなくどんな業界でも、今後はシステム会社数社が大規模なシステムをまとめて提供する時代は終わり、クラウド上のさまざまなAPIサービスを組み合わせて利用していくことが当たり前の時代が来ると思われます。自社でシステムを抱えて開発するやり方では最新のテクノロジーを常に利用し続けることができず、戦略を実現するスピードが間に合わないからです。

　近い将来には大型汎用機中心の今の金融システムの構造は大きな転機を迎えるものと思われますが、大きな変革が実施されるまでの間は、各金融会社がAPIの提供元となり、さまざまなサービスをフィンテック企業に提供していくことが求められます。

　以前、通信業界でも同じようにMVNOにより格安SIMをベースとしたサービスが多数始まりましたが、既存キャリアの取った戦略は自社の持つ巨大なインフラを開放してMVNO各社に提供していくことで、市場環境の競争スピードを早めることにつながりました。結果として、格安SIMを武器にしたMVNO各社は差別化ができず、消耗戦に突入しています。唯一MVNOにインフラ提供した既存通信会社のみ

が利益を得ているのが現状です。既存の巨大なインフラは新規参入業者にとってはそこまでの投資を行う時間も資金もないため、利用方法によっては、フィンテック企業との共存を図るための大きな強みとなります。

⑤ **クラウドファンディング**

個人からの資金調達については、過去に自由の女神の修繕費を一般個人から大規模に集めた例がありますが、インターネットが普及したことから不特定多数からお金を集めることが容易になり、新たな資金調達手段として使われています。

例としては、クラウドファンディングが挙げられます。クラウドファンディングは多額の初期投資が必要なモノづくりやサービス開発において、その志や製品自体に共鳴した一般消費者から事前にお金を集めることで初期費用を賄い、出資者がその製品やサービスの需要家にもなるという仕組みです。投資家からすると、欲しいものやサービスを誰よりも早く手に入れることができるという反面、プロジェクト自体が成功するかどうか、未知の部分もありリスクが伴います。また、企業家からすれば、あらかじめ市場に需要があるかどうかを調査することにもつながるとともに、SNSなどで評判になればマーケティングにもなりますので、資金調達以上の価値を得ることができます。

海外ではKick Starterなど、複数のクラウドファンディングのサービスが立ち上がったことで、多額のお金を公募によって集めることが簡単にできるようになりました。対価を受け取らない慈善事業やNPOへの寄付に使われることもあります。

クラウドファンディングは、当初目的とした金額が集まらなければ、そこで一旦はプロジェクトを不成立とし、出資者に返金することが基

本です。資金難のまま進めることで、プロジェクトを継続できず集まった金額も無駄になってしまうことを防いでいます。

プロジェクトを成功させるためには、立ち上げた初期からSNSなどで適時さまざまな情報開示を行い、ユーザーとの関係を適切に保つことが求められます。また、最初から不特定多数に頼るのではなく、一定数のつながりがTwitterで確保されているなど、3割程度は自前のネットワークで出資者を集めることができると、成功の確率が格段に高くなります。

日本でも、READYFORやMAKUAKEなど複数のクラウドファンディング事業者が立ち上がっており、年々市場が拡大していますが、近年は地方銀行とともに、一気に銀行融資まではいかないまでも、地方創生のために意義ある案件について活用されています。クラウドファンディングの実績に基づいて全くの新規事業であっても融資判断がなされるケースも増えているようです。投資家から見ても、単なる金融商品へ投資するよりも、資金がどのように使われているのかが成果として目に見えるため、投資の新しい楽しみ方としても人気を集めています。

⑥ P2P (Person to Person)レンディング

個人で資金を調達する場合にP2Pレンディングという方法もあります。その言葉どおり、銀行の口座を通さず個人間で資金のやり取りがなされます。銀行インフラが行き届いていない国や、個人への与信データが整備されていない国、また米国でもクレジットのスコアが低い、もしくはクレジットの利用履歴がないなどの既存金融機関では融資できていなかった人たちは、簡単にお金を借りることができませんでした。

しかし、テクノロジー企業によるネットを使った個人向け融資が迅速に提供されるようになり、世界中で急激に広まりました。キーポイントは与信審査です。いままで与信データが取れなかった人々に対しては、SNSの利用履歴や友人関係など全く新しい側面から融資をシステムが判断し、少額であれば即時に実行されるようになりました。当局による規制が後追いで行われていますが、借りる側だけでなく、貸す側にとっても、銀行預金に比べればP2Pはリスクが高いために金利を比較的高く設定できるため、よりリターンの高い商品として引き続き選ばれています。

　日本では相手先が明確にわかる個人の場合は、貸す側に貸金業の登録が必要となるため、P2Pレンディングのサービスはあまり普及していません。代わりに、複数の投資案件をまとめて商品を組成し、資金の募集を募る方法が取られており、ソーシャル・レンディングと言われています。不動産投資では、銀行の融資が付くのは通常物件価格の8割程度ですが、残りの2割をソーシャル・レンディングの活用により調達するケースも出てきています。

⑦　法人向け融資

　個人からお金を集めて個人に貸付けを行うのと同様に、法人向けにおいても新しい信用情報に基づくトランザクション・レンディングという貸付けが始まっています。トランザクション・レンディングとは、決済代行会社がEコマースサイト運営会社に対してEコマースサイトのトラフィックや売上げの情報を基に貸付けを行うことです。

　ソーシャル・レンディングと異なり、決済代行会社が一時的に預かる形となる売上金を担保として設定することが可能です。そのため、非常に低いリスクで貸付けすることが可能となり、低金利でスピーデ

ィーに融資を実行することが可能です。また、場合によっては、取引のあるEコマースサイト運営会社に対して、こちらから能動的にいくらまでなら貸せます、という話を持ちかけていくことも可能です。

　与信額は、月平均の売上金額だけでなく、サイトのトラフィック情報やユーザーからの評価（星や「いいね」の数）など多種多様な情報を基に算出されます。

　Eコマースサイト運営会社からすれば、シーズンによって人気商品の在庫を多めに仕入れておきたいときや、品ぞろえを拡充するにもまずは資金が必要となり、今までは無担保での個人向けカードローンを10%や15%などの高い金利で借りていたことを考えますと、5%〜10%程度で迅速に借りることができるのはメリットがあると思われます。

⑧　個人資産管理

　いままで資産管理と言えば、不動産や証券などの資産をうまく分散させるためのポートフォリオ分析のことを表していました。また、個人のお金を管理する仕組みとしては、以前から家計簿管理という身近な領域のソフトウェアがあり、毎月の入出金を入力して管理することにより、1か月の収支計算などを行うことができました。

　しかし、レシート情報の入力や仕訳に手間と時間がかかることと、家計簿ソフトと銀行やクレジットカードの管理サービスも別で、前述の金融商品の管理まで含めて、お金にまつわるソフトやサービスが分散されていて、結局何にいくら使ったのか、自分の持つ資産はどれくらいなのか、今後どれくらいのお金が必要になるのか、総合的には自分で管理しなくてはならず、それぞれのサービスの使い勝手も満足できず、結局使わなくなってしまうという状況にありました。

　それらを統合して、細心のテクノロジーを用いて使い勝手を良くし

たものが、米国のMintという会社が始めたPFM（Personal Financial Management）というサービスです。レシートの読み込みから始まり、銀行口座やクレジットの引き落とし情報と紐づけ、支払明細を自動仕訳して何にいくらかかっているのかを可視化するなど、個人のお金の流れに関することを一元的に管理できるようになっています。クレジット会社のサービスと連動していつどのぐらい引き落としがあって、いついくら必要なのかといった自分の将来にわたる資産を総合的に見ることもできます。

　入力されたレシート情報は、人工知能を使ってどんな費目なのかを自動的に仕訳けする仕組みが組み込まれていますので、毎月何にいくら使っているのかが一目でわかるような分析画面も用意されています。最初は間違った費目かもしれませんが、手で修正しておけば、翌月からは自動的に適切な費目に振り分けられます。明細の仕訳精度が使っていくほどに上がっていき、入力作業がどんどん省かれるという仕組みになっています。

　たくさんのサービスと連携して、情報が集約されてくると、PFMが網羅している範囲は、紙や既存のソフトで管理していた家計簿の代わりではなく、過去から将来にわたってお金の流れ全体を管理することが可能になります。結果として、無駄遣いを減らし、本当に投資したいものにお金を使っていくことが促されます。PFMはきれいな画面を見ることが目的なのではなく、個人のお金が有効に活用され、生活をより充実したものにすることが目的なのです。

　日本での代表的なサービスは、マネーフォワードが提供しているサービスが挙げられます。マネーフォワードでは銀行や事業会社と組んで各社専用のアプリとしてPFMアプリを提供することも始めています。

海外では、個人資産管理を会社が支援するのは福利厚生の重要なサービスと位置づけられていますが、今後は日本国内でも、個人資産管理が福利厚生の一環として会社から提供されるという時代が早期に来るかもしれません。

⑨　ロボ・アドバイザー

　豊富な経験と知識が必要と言われていた資産運用の領域においても、テクノロジーで代替する動きが加速しています。ロボ・アドバイザーは、すでにパッケージ化されている商品も多くあります。いくつかのレベルがありますが、基本的な機能は、資産のポートフォリオを自動で生成して、収益予測やそれに伴う売買の実行まで自動で行ってくれます。膨大なデータを経験のある投資アドバイザーのノウハウを実装した人工知能が瞬時に計算して、人間よりも高い運用成績を残すとも言われています。実際には、人と運用成績を競うよりも、人手が足りなくて対応しきれなかった顧客層の開拓に活かされています。

　現在、日本の証券会社の主要顧客は60代以上の富裕層と言われています。対面営業や個別に訪問して、投資のアドバイスや商品を紹介して契約していく、というビジネスモデルに則した商品構成や契約手続きとなっており、顧客を増やしていくためには、営業を増やすしかありませんでした。しかし、ロボ・アドバイザーの登場によって、申込みから運用商品のおすすめや実際の運用まで人手をかけずに対応することができるようになりました。

　これにより、小口の運用まで取り込むことができるようになったため、今まで取り込めていなかった20代、30代の層を取り込むべく、デジタルマーケティングを駆使して少額の投資を始めてもらい、将来の有望顧客へ育てていくという戦略を実行できるようになりました。

お金のデザインが提供している「THEO」というサービスは、ロボ・アドバイザーを中心に運用することで10万円からの少額運用を可能にしています。また、無償診断という形で投資に興味を持っている若い世代を引きつけ、20代、30代のユーザーを多数獲得することに成功しています。

　既存の営業基盤がある場合は、競合などの心配から提供するサービスを限ったり、ロボ・アドバイザーのサービス提供を行わなかったりすることも考えられますが、この機会に自社のチャネル戦略と商品戦略を見直し、どの層にロボ・アドバイザーを使ったサービスで対応し、既存の営業部隊やアドバイザリー部隊に何をさせるのかを投資対効果とも照らしながら検討していく必要があります。

　英国のRBSは、ロボ・アドバイザーの導入を契機に、アドバイザリーの対象となる顧客をより高収入な層に絞り込みを行い、アドバイザリー部門の人を200人程度削減しました。新テクノロジーの導入と市場分析を同時に行い、適切な人員配置を考え直した結果と言えます。

⑩　業務ソフト

　クラウドの進展に伴い、会計や税務などのさまざまなパッケージの会社が最初は無償で使えるような月額課金のクラウドサービスを始めましたが、それだけでフィンテックとして認知はされないかもしれません。会社全体の中で会計に関わる業務全般をサポートして効率化ができ、なおかつ圧倒的に低価格でサービスを提供することで初めて、従来の会計パッケージとは異なる競争力を持ったサービスになると考えられます。

　Freeeなどが提供するサービスが既存の会計パッケージと大きく違うのは、使う側の立場から設計されていることにあると思います。そ

のため、販売や会計など業務をモジュール化して考えるのではなく、見積作成から請求・売掛・消込・買掛・経費精算そして決算業務から税務申告まで業務プロセス全体を見通して、何がテクノロジーで効率化でき、人間がやらなければならない業務は本来何なのかを見極めたうえで低コストのサービスが提供されています。使う側の省力化を図るために、人工知能を使った自動仕訳や、APIを使って銀行やクレジット会社と連携して口座管理を一元管理するなど、テクノロジーを使った業務の効率化が行われており、会社運営における事務作業全般が楽になるようさまざまな工夫がなされています。

　B2Bの領域は、元々の市場が大きく、また業務システムに関しては高コストに悩まされている企業も多いため、今後ますます需要が伸びていくことが予想されます。現在提供されている会計や税務だけでなく、さまざまな業務ソフトウェアがサービス提供され、自前で用意しなくてはならないシステムは、減っていくと考えられます。

⑪　保　険

　保険業界におけるフィンテックは、InsTech（またはInsur Tech）と名付けられて別の括りで語られるようになっています。保険業界はいままでの盤石な顧客基盤、営業基盤、莫大な資本により比較的安定していましたが、すでに大量のデータを利用した新たな保険サービスが始まっています。

　生命保険業界では、ウェアラブル端末を配布し、得られるデータに基づいた保険のサービスが始まっています。なかでもGoogleの出資を受けた米国のOscar Health Insuranceが有名です。もちろん医療保険の販売が基本ですが、国全体の医療費を下げるというコンセプトのもと、契約者には医者と電話相談できるサービスや、ジェネリック医薬

品の提供、無料での検査なども行っています。また、フィットネスの利用を奨励するようなポイントを提供するなど、消費者にとっての健康を後押しするようなサービスを展開しています。

　自動車保険においては、データを取得する端末を車につけることで、保険料を安くするサービスも始まっています。米国の Metro Mile は、車の走行距離に応じた従量課金制の保険を行っています。

　損害保険については、農業の革新を進める Climate Corporation が画期的な取組みを行っています。通常、農業生産物に対する保険金支払いは、台風などの災害が起きてから農作物への被害状況を把握し、損害額を被保険者がまとめて申請し、それが証明されて初めて支払いが行われるものです。しかし、Climate Corporation の場合、災害が起きた段階ですでにすべての災害情報から導き出される被害の大きさを確定し、被保険者に対して申請される前に支払いを行います。

　農作業の的確な実施のために農地全体のデータを管理しているため、このような方法が可能となります。ここまでのデータを持つことは保険会社にはできないかもしれませんが、豊富なデータと分析力、そしてお客様の立場に立った商品設計が今後の鍵になると考えられます。

第4章

ブロックチェーン技術の活用

1 ブロックチェーン技術の特徴

　ブロックチェーン技術は、本書で取り上げている「IoT」や「人工知能」といった他の要素技術と比較して、どこに活用するかという構想から始まるという異色の技術です。技術革新の多くは、潜在的な顧客ニーズとそのニーズを満たすための課題が先にあり、その課題を解決する手段として研究していくなかで何らかのブレイクスルーを果たして実現することが多いと思います。

　これに対して、ブロックチェーン技術は、ニーズを満たすための課題を解決するというより、仮想通貨というアイデアを実現しようとする通常とは異なる動機から生まれたと言えます。仮想通貨の基盤技術であるブロックチェーンが他の分野への活用ありきで生まれた技術ではないこともあり、どこに活用すればよいかをまずは検討するという基礎研究分野で革新が起きたかのような議論が世界中で巻き起こっています。

　ブロックチェーンを基盤技術とする仮想通貨自体は、どこかの企業や大学が発明したものではなく、ナカモトサトシと名乗る人物の論文とそれを実現しようとした有志によって実現されたものです。こうした技術革新が一本の論文と少数の有志によって起こされた背景にはいくつかの要因が挙げられます。

　ブロックチェーン技術には実験器具や実験設備および材料の購入、大勢の技術者が開発に従事しなければいけないといった莫大な先行投資を必要としない、つまり一人でも始められることや、技術が最先端というよりも発想の転換が起こした革新であったからこそ、有志が起こせた革命だともいえます。

● ブロックチェーン技術の活用の方向性

　ブロックチェーン技術の技術的特徴については、すでにさまざまな媒体で語り尽くされていますが、念のため簡単にビットコインに使われているブロックチェーン技術について概説すると、ビットコインの仕組み上、一定時間内に行われた取引記録をブロックという形でまとめて、過去からの取引記録のブロックにチェーンのようにつなげ、その取引記録をホストサーバのないピア・ツー・ピアの分散型ネットワーク上で各ネットワーク参加者（ノード）が分散共有することにより、高い改ざん耐性を備えつつ電子的な価値記録を信頼できる第三者なしに移転させることを可能にした技術です。

　ブロックチェーン技術についてはもともと仮想通貨に使われていた技術として着目された後、仮想通貨以外にもさまざまな分野に活用可能ではないかということで、仮想通貨とは別途ブロックチェーン技術としてその適用可能性等がさまざまな分野で研究されています。主な活用の方向性は次の二つと考えられます。

　一つは、ブロックチェーン技術を使って移転されるデータを別のものに応用する活用方法です。たとえば、金融分野であれば有価証券やローン債権など所有権移転、非金融の分野では不動産や自動車の所有権登記、あるいは新興国などでは戸籍管理の分野などで活用可能か検討が進められています。

　もう一つの活用方法としては、取引情報を共有するネットワークへの参加者を限定するプライベート型ブロックチェーンの構築があります。ビットコインのような仮想通貨は原則として誰でもネットワークに参加可能なのでパブリック型ブロックチェーンと呼ばれています。

　プライベート型ブロックチェーンは、参加者を限定するためにパブリック型ブロックチェーンにある信頼できる第三者が不要であるとい

う特徴はありません。ネットワークへの参加に係る管理をはじめ第三者を設置し一定の役割を担う必要があります。他方で、参加者を事前に管理できることから、取引情報の正確性を担保する検証作業の厳格性を緩和できたりするほか、用途に合わせたカスタマイズがパブリック型ブロックチェーンと比べて容易になるというメリットがあります。

● ブロックチェーン技術について知っておくべきこと

　金融業界に携わるほとんどの人にとっては、ブロックチェーンの技術について、深いところまで詳しくなる必要はないと考えます。ブロックチェーン技術は、あくまでビジネス基盤となるものであって、より重要なことはその基盤の上でそのようなビジネスを展開していくかということです。

　「インターネット時代」においても、インターネット技術そのものについて詳しくなければビジネスができないわけではありませんでした。より大きなインパクトは、技術そのものではなく、技術が変えた情報のアクセス経路によってもたらされる消費者行動や社会の変化によるところが大きかったと思います。

　あるいは、電子メールを例としても考えることができると思います。ほとんどの人は電子メールの仕組みや背景となる技術にさほど詳しいわけではありません。それでもメールを使いこなし、それを前提にビジネスが展開されています。はがきのDMからメールDMに切り替える企業がメール技術に詳しい必要がないのと同様です。

　つまり、多くの金融機関にとってブロックチェーン技術そのものについて詳しく知る必要はなく、ブロックチェーン技術を使うと何ができるようになるのかといった特徴を押さえておけばよいということになります。

ブロックチェーン技術で押さえておくべき特徴とは、改ざんや不正が行われることなく、ネットワークに参加している誰かから別の誰かに価値を持つ記録・データを移転させることができるということです。これまでできなかった価値データの移転を使ってどのようなビジネスを展開するかが問われているのであって、ブロックチェーン技術に詳しいだけで収益を生むわけではありません。

● ブロックチェーン技術を活用するうえでの留意点

　ブロックチェーン技術を活用するうえで留意すべき点は、価値を持たない、あるいは特定の人にしか価値のない情報は、以前から移転できていたということです。何月何日の何時に貴社を訪問しますという情報をわざわざブロックチェーンで移転させる必要はなく、単にメールで連絡すればよいということになります。

　ブロックチェーン技術が可能にしたのは、放っておくと改ざんや二重譲渡といった不正が行われるような、誰にとっても価値を表象するデータの安全な移転です。仮想通貨はその典型ですが、わかりやすく現在の法定通貨に置き換えると、AさんがBさんに1万円の価値を送りたいときに、電子メールで1万円送りますとメールすれば、情報としては移転可能です。

　ここでは、こうしたメールによる価値情報の移転が法的にも有効であると仮定します。Bさんは、Aさんから受け取ったメールを転送しつつCさんに1万円を送るとメールします。これによって価値を表象する情報を転々流通させることは可能ですが、転送時に元メールにある1万円という表記を2万円と「改ざん」すること、あるいは元メール自体を「改ざん」して作り出すことは可能ですし、Aさんから受け取ったメールをCさんだけでなく、別のDさんやEさんにも転送しなが

ら1万円を送るとメールする「二重譲渡」も容易です。

　ブロックチェーンでは、メールの送信を「Reply all（全員に送信）」に限定し、元メールの編集はできないようにしながら、さらに一定の検証作業を組み込むことによって二重譲渡や改ざんを防止していると言えます。

　このようにブロックチェーン技術とは価値を表象するデータを改ざん・不正されずに移転させたいときに有効な技術であることをまずは理解する必要があります。言い換えれば、価値を持たないデータの移転に関する領域にはブロックチェーンを適用することによるメリットが見いだせないということになります。

　価値の移転として考えられるのは、経済的価値および法的権利です。これらについては、改ざんや不正の発生が起こりやすくブロックチェーン技術を活用した価値移転に対する潜在的なニーズがあると考えられます。

　なお、価値の移転ではなく、過去からの取引履歴が正確に保存されるというブロックチェーン技術の特徴を生かした活用方法も検討されています。ただし、現時点では取引記録の正確な保存を、サーバによる中央集中管理といった既存の仕組みではなくブロックチェーン技術に置き換えて構築するほどのメリットがある分野は、そう多くないと考えています。

　おそらく取引記録の正確な保存は、プライベート型のブロックチェーンが使われることになると思いますが、プライベート型のスキームでは、参加者の事前審査が必要になるなどネットワークへの参加が手軽でないことがネックとなって普及が遅れる可能性があります。

2　プライベート型とパブリック型

　現在検討されているブロックチェーン技術の仮想通貨以外への適用については、金融分野における研究が先行していると考えられます。こうした応用は、基本的にブロックチェーン技術を使って移転させる価値を持つデータの種類を仮想通貨以外のものに適用し、また、活用のアプローチとして前述したネットワークへの参加者を一定の範囲に限定するプライベート型ブロックチェーンが研究の中心になっているのが実態です。

　プライベート型とパブリック型はどちらが優れているというものではなく、ニーズや用途、ブロックチェーンのどの特徴を活用しようとしているのか等によって適切な形態は変わってくるものだと考えます。たとえば、資金決済についてはネットワークの大きさ、つまり、使える資金決済場面が増えるほどネットワークの価値が高まるという特性から参加者を限定しないパブリック型が向いていると考えられます。

　現在、資金決済の分野でもプライベート型のブロックチェーンの活用が検討されていますが、資金決済が求められる普遍性と、ネットワーク効果が働きやすい特性から最終的にはパブリック型のブロックチェーン技術を用いた資金決済システムが、世界的な資金決済のプラットフォームになると考えます。

　他方で、顧客ごとにカスタマイズされる傾向が強い財・サービスに係る決済へのブロックチェーン技術の応用は、プライベート型の方が向いている分野と考えます。

3 ブロックチェーン技術の活用が想定される分野

　ブロックチェーン技術は、既存のサーバによる中央集中管理型のデータ管理システムとは根本的に異なるアプローチであり、その特性を生かせる分野においては、構造的な転換をもたらすことは確かです。

　他方で、実際に活用が想定されている分野は、金融ビジネスにおける業務フローのうち、決済業務等のバックオフィスの分野に集中しています。

● ブロックチェーン技術活用のメリット

　その基盤の上でビジネスが展開される以上、フロント部門においても事務フローを中心に影響がないとは言い切れませんが、対顧客との関係では、ブロックチェーン技術の活用によって大きな変革をもたらすものではないと考えます。

　つまり、ブロックチェーン技術は、金融ビジネスにおいて付加価値の源泉となる個別ニーズの把握と顧客ニーズに即した商品・サービスの開発といった分野においてビジネスモデルを大きく変えるものではなく、照合作業を中心とした業務フローの効率化やシステム投資負担が減少する可能性といったコスト面でのメリットが中心となる技術革新といえます。

● ネットワーク効果とプライベート型ブロックチェーンの課題

　コスト削減という観点では、決済業務等の金融機関同士のデータ移転をブロックチェーンに置き換える場合は、「ネットワーク効果」についても考慮する必要があると考えます。「ネットワーク効果」とは、ネ

ットワークの参加者が増えるほどネットワークの価値が高まり、さらなる参加者を誘引する効果を指しています。

プライベート型ブロックチェーンに参加する金融機関が多いほどそのネットワークの価値が高まるため、他社にも参加を促すという状況が起こります。一度参加してしまえば、先行して参加した金融機関と後から参加した金融機関に大きな差はありません。

また、システム投資負担が減る効果があったとしても、それを他の金融機関も享受することになりますので、ブロックチェーン技術の導入によって相対的な競争力強化にどれだけつながるのかについては留意が必要です。特にネットワーク参加者を拡大する段階では、参加手数料を（高く）設定することによって他のネットワークへの参加につながっては困るため、後発参加者も歓迎的待遇を受けながら参加することが可能になると考えられます。

金融機関が連携して構築を目指すプライベート型ブロックチェーンのネットワークへの参加ということに限っては、あまり先行者利得はなく、あわてて参加の是非について検討する必要はないかもしれません。

● ブロックチェーン技術の活用に適した条件

価値記録の移転をホストサーバではなくブロックチェーンで行った方がよいのはどのような場合でしょうか。まず、現時点でのホストサーバに対するシステム投資が巨額であるほど潜在的なブロックチェーン技術の活用メリットが高いと考えらえます。

システム投資がかさむのは、取引件数が膨大である場合か参加者が膨大である場合だと考えられます。そう考えるとやはり金融機関、特に資金決済や証券決済が対象として真っ先に思い浮かびます。一方、

不動産登記や動産登記といった件数が限られるものは、ホストサーバ方式と比較して絶対的な優位性が見いだしにくいように見えます。

　価値記録を移転させる場面での活用ということから、資金決済にせよ財・サービスの受渡しにせよ決済場面が最も適用対象として適切であると考えられます。商品の選択等に係る情報収集場面、たとえばある商品がどの店ならいくらで売っているという情報についてブロックチェーンを使って収集するメリットはほとんどないと考えられます。

● ブロックチェーン技術活用のユースケース

　「ブロックチェーン技術の活用」が金融ビジネスに与える影響は、狭義のフィンテックとは全く異なる分野です。まだ、実証実験段階であり今後新たな活用事例が生まれてくる可能性はありますが、基本的には顧客と金融機関の間ではなく、金融機関同士等主として決済業務やバックオフィスを司る業務分野が主な活用領域になると考えられます。

　ただし、あくまでも金融ビジネスにおける業務プロセスのうち決済業務に係る分野を中心に一部分を置き換えるにすぎず、改ざん耐性の高さを含めた不正行為に対する強靭性が確保されたなかで価値記録の移転や過去からの取引記録を保存できるといった機能や特性を生かした新たなビジネスについても、現時点では社会に大きなインパクトを与えるユースケースは仮想通貨を除けば見当たりません。

　現在でも単なる構想やある程度進んでいても実証実験段階というものが多いのがブロックチェーン技術の活用に関する最新の動向かと思います。実際の活用にはまだまだ克服すべき多くの課題が残っており、技術の成熟や法規制も含めた環境の整備にまだ時間が必要と見られます。

図4 FinTechとブロックチェーンと仮想通貨の活動・活用範囲

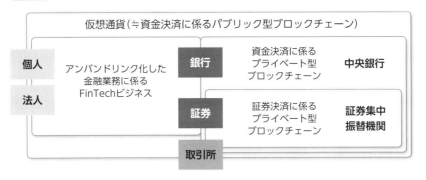

いずれにせよ、ブロックチェーン技術に対する投資については、先行者利得がほとんど見られないこと、ネットワークへの参加者数の大きさが競争力となる場合、相当な規模に達するまでネットワークの非参加者に対して参加の勧誘が行われると考えられること等を勘案しながら慎重に見極めていく必要があると考えます。

4 ブロックチェーン技術の課題

革新性の裏返しでもありますが、解決すべきブロックチェーン技術の活用における課題は少なくありません。最大の課題の一つと考えられるのが、ブロックチェーン技術によって移転した価値データの法的有効性です。従来のシステムフローとは全く異なる仕組みで価値データが移転されることになるわけですが、誰かから誰かに価値が移転したということが、当事者だけでなく第三者から見ても成立していなければとても実際のビジネスには活用できません。資金決済に係るブロックチェーンでたとえると、AさんからBさんへの移転が法的に認め

られないと、Aさんが破産した際にAさんの債権者がBさんへの譲渡は無効だと主張するかもしれません。

　こうした課題は、パブリック型のブロックチェーンにおいても同様ですが、プライベート型の場合は、開発を進める主体が明確であり、活用を検討している金融機関自身が厳格な金融規制に服していることもあり、規制当局との連携などを進めつつ解決策を探りながら、一歩ずつ進むほかない、言い換えれば回り道することなく一つひとつ課題を克服しながら着実に進めていくことが想定されます。

　これに対して、パブリック型ブロックチェーンの場合は、実態が先行し規制当局等が後からどのように問題点を解決していくかを考えなければいけない、言い換えれば、既成事実化を先行させながら顧客が選択を強めていく過程で課題に対する対処方法が検討されていくという違いがあります。

　プライベート型ブロックチェーンは、規制の「中」から発展するのに対して、パブリック型ブロックチェーンは、規制の「外側」で発展しているという背景に違いがあるということです。

　このようにプライベート型ブロックチェーンは、さまざまな利害関係者の調整を避けて通れないことも課題の一つであり、大規模なプライベート型ブロックチェーンよりも参加者を絞り込んだ活用や、管理者となる主体が明確でイニシアティブをとれるコンソーシアムの方が先行して発展するかもしれません。

　たとえば、取引所のようなプライベート型のブロックチェーンの管理者となる主体とそのネットワークへの参加者が明確に分かれている場合は、管理者のイニシアティブにより検討が進みやすくなると考えられます。

　一方で、ネットワークの参加者ばかりで構成されるコンソーシアム

では、プライベート型ブロックチェーンの運用を巡って役割やコスト負担等の利害調整がまとまらず検討が進みにくい傾向があるように見受けられます。特に、参加者数自体が多かったり、各参加者の規模や主たる拠点・参加目的等が多様であったりすると、参加者の同質性が強い場合と比べて利害調整に多大なエネルギーを費やす割には議論が前に進まないといった事態に陥りやすくなると考えられます。

　金融機関は、ブロックチェーンの技術的側面だけでなく、こうした他社との連携をどう図るかといった側面からも十分に考慮したうえで、活用方法について検討していくことが重要であると考えます。

第5章

仮想通貨の普及

1 銀行業務の公共性

　銀行は非常に特殊な業態です。イメージだけでなく、実態としてかなり特殊な会社であることは確かです。しかしながら、この特殊な会社が将来「普通」の会社になるかもしれません。

　銀行が特別な会社であることは、法律上でも明らかです。一般的な企業が服する会社法に加えて、銀行法という銀行にのみ適用される法律を遵守する必要があります。その銀行法の冒頭の第一条および第二条に銀行の特殊性が現れています。銀行の業務には「公共性」があるとし、銀行の業務の「健全」かつ適切な運営を期す必要があるとし、「免許」を受けなければ銀行業を営んではならないとしています。

　では、それほどの厳格な規制をかける必要がある銀行の業務または銀行業とは何かというと、「預金」の受入れ、資金の「貸付け」および「為替取引」の大きく三つがあります。これらの業務は、銀行にのみ認められる固有業務です。

　数ある「金融機関」のなかでも免許制であるのは、銀行のほかに保険会社と金融商品取引所などいくつかの業態に限られています。このなかでも銀行は、国際的な合意に基づく厳格な自己資本比率規制などのいわゆるバーゼル規制と呼ばれる一連の「健全」性規制に服し、破たんリスクが低く、破たんしても預金者が預金保険等によって一定額まで保護されたり、破たん処理についても特別な手続きに基づいて行われたりするなど、固有業務を通じた金融システムのインフラとしてひときわ特別な存在として社会の中で位置づけられてきました。

　その銀行が特別の会社ではなくなろうとしています。特別でなくなるとは、すなわち免許制でなくなり、健全性規制に服することがなく

なり、銀行の業務が公共性を持っていると言われなくなることを指しています。

本書でこれまで取り上げてきた決済業務をはじめとする銀行の固有業務が構造的転換に直面する原動力は、アンバンドリングしながら参入してくるフィンテック・プレーヤーにユーザーを奪われることや、業務フローを大きく変えて資金決済分野を中心に活用を模索しているプライベート型のブロックチェーン技術の応用ではありません。「仮想通貨の普及」がこうした銀行に対する規制アプローチの劇的な変化を生み出す原動力となると考えます。

図5　銀行の固有業務

銀行法

第1条　この法律は、<u>銀行の業務の公共性</u>にかんがみ、信用を維持し、預金者等の保護を確保するとともに金融の円滑を図るため、<u>銀行の業務の健全かつ適切な運営</u>を期し、もつて国民経済の健全な発展に資することを目的とする。
第2条　この法律において「銀行」とは、第四条第一項の内閣総理大臣の<u>免許</u>を受けて銀行業を営む者をいう。
2　この法律において「銀行業」とは、次に掲げる行為のいずれかを行う営業をいう。
(1)　預金又は定期積金の受入れと資金の貸付け又は手形の割引とを併せ行うこと。
(2)　為替取引を行うこと。

公共的使命
健全性規制
免許制

預金
為替取引
貸付け

2 デリバリーとペイメント

　日常の経済活動の大半は、財・サービスの受渡しと対価の支払いという債権債務を解消する二つの決済から成り立っています。本書では証券決済の分野で使われている証券決済と資金決済を同時に履行する決済方法を表すデリバリー・バーサス・ペイメントという用語を活用し、証券決済に限定することなく一般的な財・サービスの受渡しを「デリバリー」、その対価の支払いを「ペイメント」と呼ぶこととします。

図6　二つの決済

決済とは、お金の受払いとモノやサービスの受渡しを行うことにより債権・債務を解消すること。特に、前者を「**資金決済**」という。

ペイメント	現金決済																			
	為替取引																			
デリバリー	医療費	公共交通	タクシー	保育園	映画館	美容院	レストラン	宿泊料	通信料	投資助言	保険商品	投資信託	有価証券	不動産	車	家具	スマホ	宝飾品	家電	書籍	医薬品	衣料品	日用品	食料品

　人々が購入する財・サービスの種類は無数にあるのに対して、その対価の支払いとなるペイメントに用いられる「通貨」および「手段」はそれほど多くの選択肢があるわけではありません。

　たとえば、日常的にペイメントに用いる「通貨」は、インフレが激

しいなどの理由により自国通貨に対する信頼が低く、米国ドルが決済通貨として使われている一部の区や地域を除けば、一般的にその国の法定通貨など1種類に集約されていると思います。

ペイメント「手段」もそれほど多くありません。大きく分けると現金決済と一般的に直接現金を輸送することなく資金を移動させることによる決済と定義される為替取引の2種類しかありません。ICカード型を含めた物理的なカード等に金銭的価値を蓄積するプリペイドカードやネット上のサーバに金銭的価値が蓄積されるサーバ管理型の電子マネーあるいは資金移動業者が行う資金移動またはクレジットカードによる支払いなども為替取引に分類されます。

● **経済活動における円滑なペイメントの重要性**

経済活動を円滑にするうえでは、あらゆるデリバリーに伴って発生するペイメントをいかにストレスのないものにするかは非常に重要なポイントになります。たとえば、インフレの激しい国では同じ1万円であっても今日の1万円は昨日の1万円の半分の価値しかない、昨日なら20個買えたはずが今日は10個しか買えないということが起こると、価値の保存手段としても機能しませんし、買い物のたびに1万円の価値について店員と交渉しなければいけなくなるかもしれません。これでは、経済活動が円滑に行えなくなります。

これほどの影響力がある通貨を他国が発行する通貨に委ねるということは、その国の意向一つで経済が混乱に陥るリスクを負うことになるため、現在では経済規模が小さく経済成長段階が未成熟であっても中央銀行と自国通貨を発行・流通させる制度を有する国が大半です。

また、ペイメントの選択肢が数多くあることもストレスを発生させます。たとえば、ペイメントに使える通貨が複数種類あり、デリバリ

一側がすべての通貨に対応するわけではなくデリバリー側の都合によって受け入れる通貨が異なるとペイメント側はストレスを感じ、経済活動を冷え込ませてしまいます。

このように、ペイメントはデリバリーの種類を問わず共通した手段が使えるようにした方が、経済活動が円滑になるため、自然と一つの通貨に集約されていく傾向があります。

このような背景から、通貨の発行および流通量の調節（つまりインフレ率・通貨価値の安定）を担う中央銀行は、ほとんどの国において一般企業や銀行とは異なるさまざまな権限と責任を負っています。また、通貨それ自体が進化するということもあまり考えられません。

他方で、ペイメント手段については、現金決済と為替取引の2種類があるなど、利用者がペイメントの場面に応じてある程度選択することが可能であり、決済サービスとして技術革新等の影響を受けながら進化していきます。

3 仮想通貨の普及が銀行にもたらすインパクト

ブロックチェーン技術の活用によって、データを二者間で不正なく移転させることができ、移転履歴に関する高い改ざん耐性を有するネットワークの構築が可能になりました。

一般的には、仮想通貨は、ブロックチェーン技術を活用することによって過去の記録の改ざんや二重譲渡といった不正が事実上不可能であるといった特徴とともに、既存の仕組みと異なる信頼できる第三者が不要になることや、データを記録・保存するサーバが不要になることから来るコスト削減への期待に関心が寄せられています。

しかしながら、資金決済を仮想通貨のようなパブリック型のブロックチェーンを通じて行うことが銀行に与える最大の影響は、前述のような特徴ではなく、資金決済が銀行口座を通じて行われないという点にあります。このことはブロックチェーン技術について語られる時に中心の話題となっていることはほとんどありません。

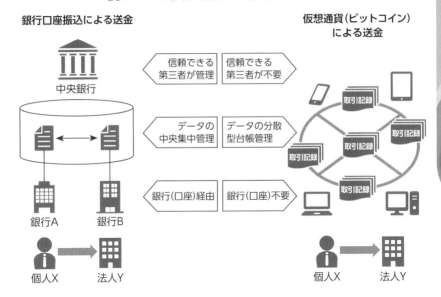

図7　仮想通貨(ビットコイン)が提示したもの

ペイメントにおける価値記録(例：金額)に係る
電子データの移転に関する革新的なアプローチ

　あまり話題として取り上げられない理由の一つには、銀行を含めた金融機関が現在盛んに研究しているプライベート型のブロックチェーンによる資金決済は、依然として銀行を通じて行われており、銀行口座が不要になるわけではないことがあります。つまり、ブロックチェーンについて議論が交わされる時は、ほとんどの場合「プライベート

型」のブロックチェーンに係る議論であることが多く、このような銀行口座の話は出てこないことになります。

あくまでもパブリック型のブロックチェーンによる資金決済、すなわち現時点で最も実用化されているビットコインをはじめとする仮想通貨を取り上げたときにだけ、このような銀行の脅威となる話が出てきます。

図8　資金決済に係るプライベート型とパブリック型のブロックチェーンの適用範囲と影響

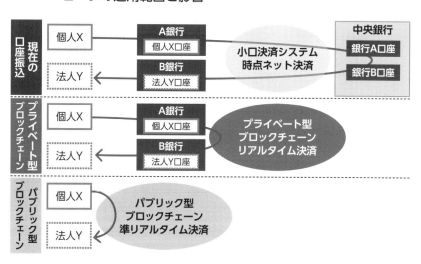

仮想通貨とは、「通貨」という名称から、まるで既存の法定通貨を置き換えるかのように捉えられますが、仮想通貨が置き換えようとしているのは既存の法定通貨ではなく、資金決済のプラットフォームそのものだということに注意する必要があります。このことは、仮に仮想通貨が法定通貨となっても価値の保存や移転手段としての銀行口座の必要性は戻らないことからもわかります。

中央銀行が法定通貨をパブリック型ブロックチェーンによって発行したとしても、エンド・ユーザーが直接中央銀行に口座を持つような状態ですので、エンド・ユーザーは銀行口座がなくとも価値記録を保存し、送金することが可能です。

　仮想通貨は、資金決済機能を提供しているということを理解したうえで対応を検討しなければ銀行は対応の方向性を誤ることにつながります。たとえば、既存の外貨預金の取扱通貨にビットコインといった仮想通貨を加えれば済む話ではありません。

　もはや決済サービスを銀行に頼ることなく享受できるようになった顧客は、いずれ銀行口座を開設することはなくなります。「顧客とのインターフェイス」を失うことは、これからますます情報力が重要となってくる時代にあって、致命的なほど銀行に対して大きなインパクトを与えます。

　「仮想通貨の普及」は、実現可能性の低いリスクシナリオではありません。既存の金融サービスが満たせない「個別ニーズ」を満たす可能性の高い起こり得るリスクシナリオと捉えることが必要です。

4 コモディティ化する銀行

　仮想通貨に資金決済の基盤の役割を奪われた銀行は、単に「顧客とのインターフェイス」と「個別ニーズ」の把握に有用な質の高い情報源を失うだけでは済みません。

　仮想通貨が普及した場合、前述のようにエンド・ユーザー同士で資金決済を行うことが可能となり、顧客の視点から見ると、銀行の固有業務である「預金」と「為替取引」の機能を仮想通貨で実現できてし

まうことになります。

　つまり、銀行は、資金決済の重要な担い手でなくなり、それゆえに銀行は「公共性」のある業務を担っているという根拠を失い、資金の流れに関わらなくなった銀行は金融システムの安定に不可欠の存在ではなくなり、「健全」性規制に服する理由もなくなります。さらに、そうした銀行に対して「免許」のような厳格な規制をかける必要性もなくなります。

　厳格な規制が緩和されることは、一義的には規制コストが下がるためメリットに感じられますが、それよりも、公共性を持つ特別な会社でなくなることによって優秀な人材の獲得が困難になるデメリットが中長期的には銀行を弱体化させていくと考えられます。

　整理すると、「仮想通貨の普及」によって銀行が失う三つの重要な競争力の源泉は、「顧客とのインターフェイス」、「個別ニーズ」の把握に有用な情報、および優秀な人材です。

● 変わる銀行の役割と求められるスキル

　銀行は、資金決済の主たる二つの手段のうち現金決済以外の資金決済手段となる為替取引において、中心となる機関です。この中心的な役割は、市場における競争に勝ち抜くことによって得たものではなく、銀行法において銀行以外の主体が為替取引を行うことを原則として禁じていることに由来します。

　そのように厳格な規制の下におく必要があるほど為替取引とは「公共性」の高い業務でしたが、ITの発展によりキャッシュレス社会の方向に構造的に転換しつつ、為替取引が仮想通貨を基盤とする方向に変化していくとき、実態として為替取引が銀行ではなく仮想通貨によって実現され、銀行固有業務とする法規制の枠組みとのギャップが明確

になり、銀行固有業務の見直し、ひいては免許制や健全性規制を課す合理性の検証にまで議論が発展していくと考えられます。

ペイメントの主要な担い手である銀行はあらゆる業種と関わりを持ち、資金決済というあらゆる企業にとってなくてはならない経済活動の基盤を提供してきました。

あらゆる財やサービスの受渡しに伴って発生する資金決済への関与は、あらゆる業種と関わるという特殊な業態と相まって銀行という存在を他の事業会社とは異なるステータスを与えてきました。地方では優秀な人材の就職先として、地方公務員と並んで地方銀行が挙げられます。

公共性のある業務を担わなくなり、免許制といった特別な規制に服することもなくなり、業務範囲に係る規制が緩和され多種多様なビジネスをグループとして手掛けていくことになる銀行には、これまでとは大きく異なる人材が集まってくることになるでしょう。

それは銀行が社会から求められるまたは期待される役割が変わり、銀行員が持つべきスキルも変わっていくことを意味します。このことは人材の入れ替えが今後加速することを示唆しています。

たとえば、銀行の公共性を帯びた業務にやりがいを感じる人材は、公共性の低下とともに銀行を退職するまたは銀行への就職意欲が低下するといった影響が出るかもしれません。銀行にとっては、人材流出につながる可能性があり、長期的な競争力の低下につながりかねない事態です。

●縮小する業務と拡大する業務

どのような業務のニーズが減少し、どのような業務のニーズが増加するのでしょうか。まず、個別業務に関する考察の前に、一つ重要な

ことは、残念ながら銀行全体としては、担う業務は減少するほかないとみられることです。仮に銀行全体としてビジネスが拡大するのであれば、それは既存の銀行業務からではなく、非銀行業務を拡大させることによってもたらされると考えます。

こうした非銀行業務を傍流ではなく、銀行グループのメインストリームに位置づけるほど大胆な改革なしには、これまで手掛けたことのない業務分野において収益の目途が立つほど競合他社を押さえるようなビジネスを展開することは難しいでしょう。

「仮想通貨の普及」によってサービスの競争力の低下が見込まれる業務について考察していくと、プライベート型ブロックチェーンと同様に決済・為替業務に係る事務作業は大きく削減されると考えます。

また、拡大する業務という観点では、今後の金融機関の競争力、言い換えれば付加価値を生み出す業務は拡大すると考えられます。つまり、「個別ニーズ」を把握するために有用な情報を収集するための業務とその情報を分析しニーズに即した商品やサービスを開発する業務です。

5 台頭する巨大商流プラットフォーム

無数にある財・サービスの購入には、購入に至るまでのプロセスがあり、そのプロセスも個々人によって千差万別であることから、基本的に個別性の強い経済活動といえます。

購入者にとってペイメントは元来デリバリーに付随してやむを得ず行う作業でしたが、これまではデリバリー側の個別性が強いことと資金決済手段の共通性が高いことから、顧客から見れば、デリバリー側

の都合に影響されることはなく、顧客の日常生活をできるだけ広くカバーできる資金決済サービスを提供できる銀行のなかからメインの銀行を選ぶというインセンティブが強かったと考えられます。

　ところが、ネット上のショッピングモールなどでは、物理的店舗であれば、同一店舗内で購入することがあり得ないような複数の商品でも、一つのモール内でまとめて購入することが可能です。そうして、束ねられたデリバリー決済に対して、通常ペイメントは一本で済みます。現実のショッピングモールでも、モールという一つの建物内で複数の財・サービスを購入できますが、店舗が違えば資金決済手段を変えることは可能ですし、ましてやペイメントは店舗ごとに行う必要があり一本化することは困難です。

　インターネット内のショッピングモールにおける買い物に関しては、デリバリーとペイメントの力関係は逆転し、デリバリーを提供する業者および利用者に選ばれる資金決済サービスを提供する金融機関でなければ、資金決済サービスを提供することが難しくなると考えられます。また、近年では、こうした商流プラットフォーム自身またはグループ企業が利用者に資金決済サービスを提供することが増えてきており、競争の土台は大きく変化しています。

●プラットフォームビジネスの動向

　インターネット内のショッピングモールのようなプラットフォーム型のビジネスは、顧客基盤の大きさが「ネットワーク効果」となって競争力が高まるという特性から、ごく少数の巨大化したプラットフォームが勝ち残る一方、顧客基盤の弱いプラットフォームは駆逐されていくことが起こりやすくなります。

　これまでは、勝ち残るために支配的な顧客基盤を持つべき市場は、

国といった単位で分断され、その分断された市場の中で勝者となることが重要でした。しかし、デジタルの世界では、支配的シェアを獲得すべき市場は、国境によって隔たれることはなく、グローバルな市場となる傾向があります。

たとえば、日本で圧倒的な市場シェアを獲得したプラットフォーマーも海外では歯が立たず、グローバル展開が進まないまま、国内市場を世界的なプラットフォーマーに浸食されていく事例を見つけることは難しくありません。

グローバルな競争に勝ち残るプラットフォーマーは、膨大な顧客基盤に対して、プラットフォーム上での購入場面以外のデリバリー場面もカバーするような資金決済サービスを提供するようになり、既存の銀行にとって潜在的に最も脅威となる競争相手になると考えられます。

● 資金決済サービスに対するニーズの変化

元来、資金決済サービスは差別化の難しい分野であり、直接の収益貢献は限定的でしたが、ここに来て、ビジネスにおける付加価値の源泉が顧客の「個別ニーズ」を満たすことにシフトしつつあり、「顧客とのインターフェイス」を提供する価値ある業務として見直される段階に来ていると考えます。

今後は、巨大な商流プラットフォームを通じたデリバリー側の共通化の進展により、銀行を選ぶ基準が生活圏のカバー率ではなく、手数料の安さや良く使うプラットフォームで採用されているからといった基準で口座を開設する銀行を選択するようになることが考えられます。

金融サービスの入口が店舗やATMではなく、スマートフォンの画面にシフトしたことで、支店やATMとの物理的な距離の近接性は顧客に対する訴求力を失いました。このような金融ビジネスを取り巻く

環境の変化を的確に捉える金融機関であれば、顧客の来店頻度を高めるための投資や身近に感じてもらうための支店の増設は、賢明な投資ではないことが理解できると考えます。

むしろ、金融機関にとっては、スマートフォンを通じて行われる財・サービスの購入に対して、いかにペイメントを担う金融機関となるかが問われてくるようになってきたといえます。

●プラットフォームビジネスの可能性

ペイメントは、フィンテック・プレーヤーが最も参入を図っている分野であり、「アンバンドリング」によって銀行が「顧客とのインターフェイス」を奪われつつある分野です。

また、「仮想通貨の普及」は、銀行口座の保有インセンティブを確実に減じ、将来の銀行顧客は金融サービスを銀行口座経由ではなく仮想通貨のインフラを通じて利用するようになると考えられます。

プラットフォームビジネスにおいては、どれだけ顧客に利便性を提供しようとも参加すること自体から手数料のような形で収益化を図ることはありません。それでは、別のプラットフォームに参加者が流れるだけです。プラットフォームビジネスは、プラットフォーム上で参加者が行う社会経済活動に係る情報を活用して収益化を図ります。このため、参加者にはできるだけ多くの活動をプラットフォーム上で行ってもらうことが重要になります。

このようなビジネスモデルは、誰でも可能なわけではありません。巨額かつ長期にわたる投資を継続し、実際に圧倒的な顧客基盤を築いて支配的ポジションを構築した場合、つまり顧客がそのプラットフォームを選ぶよりほかなくなった時、大きく投資を回収することができます。

どこかで躊躇して投資額を減らしたり、ビジネスを縮小したりするくらいなら初めから投資しない方が賢明です。その資金を別のリソースに振り向ける方が資金の有効活用になります。他社がやるからではなく、後発でやるなら先行組を上回るスピードと投資が必要になることに留意すべきです。

　こうしたビジネスモデルに対して金融機関側、特にペイメント側にいる銀行は圧倒的に不利な立場に追い込まれつつあります。安全でありながら円滑に資金決済するための決済システムには相当な投資をしており、手数料はその投資を賄うために必要な収入ですが、プラットフォーマーは、プラットフォームを活用すること自体からは手数料は取りません。欲しいのは自身のプラットフォーム上で行われる取引および活動記録なので、できるだけ取引・活用してもらうためにも手数料は取らない方がよいのです。そのコストは、それ以外のところ、つまり収集した情報を活用すること等によって回収します。

　仮に、金融機関が何らかのプラットフォームを構築することを目指す場合には、プラットフォームを利用することに対する対価を利用者から得るのではなく、集積される情報を活用して収益化を図る等ビジネスモデルを大きく変える必要があります。

6　残されたプラットフォームビジネスのフロンティア

　すでに、巨大な商流プラットフォームが台頭しているデリバリー側と比べて、ペイメント側は既存の仕組みがリセットされ、新たなプレーヤーとともに新しい時代のプラットフォームがこれから立ち上がっていく段階です。既存の商流プラットフォーム、巨大なブロックチェ

ーン・コンソーシアム、中央銀行等のデジタル通貨が入り乱れて、次代のペイメント側におけるデファクトをめぐる争いが始まったばかりです。

　このプラットフォームビジネスの残されたフロンティアであるペイメントのプラットフォームについては、パブリック型のブロックチェーンによって提供されるサービスがその地位を獲得する蓋然性が高いと考えます。

　一つは、ネットワークの外部性から、クリティカルマスを超えたネットワークの基盤が一定の範囲に収まることはなく、どこまでも広がろうと自己拡大する力が働きやすいこと、もう一つは、デリバリーに左右されない共通性の高さというペイメントに求められる特性から国境を越えて共通化した支払手段の方が競争上有利であるという点です。

　反対にプライベート型のブロックチェーンは、ネットワークへの参加に係る管理がハードルとなって、自己拡大する力を弱めてしまう可能性が高いことや、一機関や一企業が提供するにせよまたは巨大なコンソーシアムが提供するにせよ、あらゆる国を網羅的にカバーできるプライベート型ブロックチェーンを構築することは難しいと考えられることなどから、資金決済の分野ではプラットフォームとなることはないと考えます。何よりもまず、ネットワークに入って良い者と入ってはいけない者を区別することは、実効性の確保の面でかなり難しいのではないかと考えます。

　資金洗浄取引などをネットワークに入れないことを目指すよりも、ネットワークに入り込むことを前提に対処方法を考える方が賢明ではないかと考えます。

　パブリック型であれば、仮想通貨でも、中央銀行や民間企業が発行するデジタル通貨であっても資金決済のプラットフォームとなる可能

性があると考えます。ただし、このペイメントに係るプラットフォームビジネスにおいて競争に勝つためには、相当な投資と時間が必要になります。

　また、その巨大な情報力ゆえに覇権を握った後もさまざまな国や中央銀行、金融機関から事業会社に至るまで透明性の向上を含めた大きな圧力を受け続けることになり、情報を開示させようとする主体との終わることのない紛争が生じると考えられることから、ペイメントのプラットフォームは、いくつかの有力機関が連携してできたコンソーシアムによって運営されるか、完全に運営主体のない仮想通貨が担うことになるかもしれません。

第6章

ITの発展による社会の変化

この章では、「スマートフォンの普及」、「IoTの拡大」および「人工知能の発展」といったITの発展が社会全体に変革をもたらしていくなかで、金融ビジネスに与える影響について考察します。

1 「スマートフォンの普及」が変える競争環境

　まず、すでに述べてきたように「スマートフォンの普及」は、消費者のライフスタイルや購買行動を大きく変化させました。PC並みの処理能力を持ち手軽にインターネットに接続可能な端末を常時携帯可能としたことにより、消費者は情報収集からデリバリー・ペイメントに至るまで金融サービスを含めたさまざまな経済活動を、スマートフォンを通じて行うようになりました。

　銀行口座には、スマートフォンを通じてアクセスするようになり、振込などのネットバンキングは、場所を選ばずできるようになりました。さらには、既存のデビットカード、クレジットカードおよびIC型プリペイドカードと連携したスマートフォン決済が登場するなど、スマートフォンを財布代わりに持ち歩いているかのような環境が生まれています。

　他方で、クレジットカードを含む電子決済の拡大から現金の利用頻度は減少し、来店しなければ得られないような情報や金融に関する相談もスマートフォン経由で得ることができるようになることで、銀行の店舗やATMの利用頻度が低下していると言われています。

　かつてはATMの設置台数が銀行を選ぶ基準であったこともあります。身近に、特に自身が日常的に往来するルート近辺に支店があることなどが口座を開設する銀行を選ぶ基準であったかもしれませんが、

今後は銀行店舗やATMへのニーズは減少していくことが考えられます。

では、顧客は単にスマートフォンを通じて直接銀行にアクセスするようになるだけかというとそうではなく、店舗やATMと違って他社サイトに容易にアクセスできるスマートフォンの画面上では、同業他社だけでなく、利便性の高い金融サービスを提供するフィンテック・ベンチャーも含めて金融サービスの入口として顧客のインターフェイスをめぐる競争が待ち構えています。

たとえば、複数の金融機関の口座を一括で管理したり、用途に応じて最適な金融機関を自動的に選択したりするアプリなどを通じて機械的にアクセスする金融機関が選ばれるようになると、もはや支店網やATM網というのは銀行口座を開設する際の選択基準としては劣後し、手数料やその他のネット環境における利便性が選択基準として台頭してくるかもしれません。

来店やコールセンターよりも顧客とはるかに限定的なコミュニケーションしか取れない「スマートフォンの普及」と金融サービスへのアクセス経路の変化は、金融機関にとって「アンバンドリング」した金融サービス分野に進出するフィンテック・プレーヤーや仮想通貨とは異なる角度から、「顧客とのインターフェイス」を縮小させるITの発展がもたらす影響といえます。

今後は、スマートフォンが金融サービスの主たる「顧客のインターフェイス」となると考えられます。その時画面に現れるのは特定の金融機関ではなく、APIの公開によってさらなる利便性の向上が見込まれるフィンテック・ベンチャーが提供する画面となるかもしれません。

「スマートフォンの普及」は、消費者の生活を大きく変えています。情報収集や商品選択といった行為に供給者側がますます関与できなく

なることにより、顧客に商品に関する説明やアピールをする機会もないまま顧客側で商品選択が完結するようになってきています。

スマートフォンの画面を通じて金融商品・サービスに接するユーザーはこれまで以上に特定の金融機関や商品・サービスに対する愛着やロイヤリティを持たなくなり、より便利なサービスが登場すればそちらを利用するようになるため、これまでとは異なるカスタマー・リレーションシップ戦略が求められます。

2 スマートフォンの生活基盤化が進む海外

スマートフォンが今後の社会に与えるインパクトの大きさを測るうえでは、日本だけでなく世界を見渡した方がより理解が進むかもしれません。

先進国では当然のように感じている固定電話が普及しその後携帯電話が普及するという順番は、新興国では当てはまりません。縦横無尽に固定電話網を国中に張り巡らせるくらいなら、携帯基地局を作った方がはるかに効率的に情報アクセス手段を提供することができます。

固定電話網もなく最初に経験するネットへの接続がPC経由ではなく、スマートフォン経由となる人々が増えています。そうした人々にとって固定電話網はもはや不要であり、PCすら必要ないかもしれません。第1章で述べた構造的転換では、PC経由でのインターネット接続が主流の時期を「インターネット時代」、インターネット接続がスマートフォン経由主体になった時期から現在までを「スマートフォン時代」と呼んでいましたが、新興国においては、「インターネット時代」がなく、いきなり「スマートフォン時代」が急速に広がっていると言

えます。

　また、来店など物理的なコンタクト手段がある日本と違い、新興国では銀行の店舗に赴くことは日常的ではありません。したがって、日常的な決済サービスを含めた金融サービスの入口はスマートフォンということになります。スマートフォンを通じた決済の基盤が銀行システムであるかどうかはユーザーにとっては全く関係なく、銀行口座がなくともスマートフォン経由で金融取引をできるのであれば、そのうち銀行口座とは何かを知らない世代が市場を席巻する時代が来ることになります。

　高い手数料や時間がかかるなどサービスの質が悪い、また現金を持ち歩くことのリスクが高いなどの条件が揃っていると顧客側も現金決済を嫌い、キャッシュレス社会が早期に到来しやすくなります。これは新興国に限った話ではなく、先進国においても進行している現実です。

　キャッシュレス化およびデジタル決済の拡大は、金融機関の競争環境を劇的に変化させます。これまで築いてきたブランドが通用しなくなり、利便性のみでどこに資金をプールさせるか、あるいはどこの資金決済サービスを使うかが判断されるようになり、顧客に対する情報提供ルートは以前よりも狭くなってスマホアプリを通じた間接的なものが多くなります。そのうえで、ノンバンク・プレーヤーと同じ土俵で戦うことがますます多くなります。

　拡大し、生活の基盤化を続ける「スマートフォン経済圏」で顧客から選択される金融機関となることが求められます。この経済圏では、企業がどれだけ大きいか、あるいは企業ブランドの価値などはかつてほど重要な要素ではありません。なぜなら、主導権を持っている消費者の視点で見ると、企業が大きいことにそれほど大きな意味はないか

第6章　ITの発展による社会の変化

らです。今後は、純粋に提供する金融商品・サービスの質が重要な差別化要因となります。「顧客ニーズ」、特に顧客が商品やサービスに求める価格以外の要素である「個別ニーズ」をどれだけ満たせるかがカギになります。

3 IoTによる情報の質的向上と量的拡大

　IoT（Internet of Things）は、あらゆるモノがインターネットとつながりデータを授受する仕組みです。センサーといったデバイスから収集した情報をインターネットに送る、または、インターネットから受けた情報に基づいて機器が一定の動作をすることが可能となります。

　インターネットにつながることのインパクトは、本書においてこれまでにも述べてきた通りです。一つひとつの機器からもたらされる情報や情報に基づく動作は大きな意味を持たなくとも、さまざまな機器からもたらされる情報を組み合わせることや、状況を踏まえて機器に与える動作指示を適切にコントロールすることによって、付加価値を持つ情報を生み出したり、商品やサービスを生み出したりすることが容易になります。

　そして、この付加価値があるからこそ、近年さまざまなモノにIoTデバイスが取り付けられるようになったのです。決して、デバイスの価格が低下したからや通信環境が整備されてきたからではありません。ニーズがデバイスの量産を促し、価格を低下させ、通信環境の整備を促したのです。

　IoTの拡大によって、これまでであれば取得が困難であった「個別ニーズ」を把握するために有用な情報を含む膨大なデータが入手可能

となりました。この膨大な付加価値を生む情報は、金融機関だけでなくあらゆる企業にとっても価値があるものなので、IoTから生み出される情報の争奪は、世界的規模で起こっています。

たとえば、IoTデバイスのMPU設計企業である英アーム社は、スマートフォンやタブレットのMPUでは9割以上シェアを押さえていると言われています。この売上高で500億円規模のアーム社をソフトバンクは3兆円を超える金額で買収しました。IoTがもたらす価値の大きさを示していると言えます。

現在IoTデバイスは、需要拡大を背景に研究開発が進みさらなる小型化、省電力化、低価格化によって新たな需要が生まれるという拡大期に入っています。そして、これまでであれば取り付けられなかったモノにデバイスを取り付けることによって、さらにさまざまなモノから情報が取れるようになっています。たとえば、コンタクトレンズ、歯ブラシ、スーツケース、バスケットボール、電球、火災報知器などにも取り付けられる、言い換えれば、そこからデータが取れるようになりました。

また、インターネットを通じてデータを送る、あるいは、受け取った情報に基づいて作動するということをいずれか一方ではなく、両方をこなすことにより、遠隔地から機器を操作することが可能になります。さらに、収集した情報の分析や分析に基づく次のアクションの判断を人工知能が行えば、人間を介さずに状況に応じて作業が進められるようになります。

このため、IoTと言ってもその用途はさまざまです。「個別ニーズ」の把握に有用な情報を収集するだけでなく、たとえば、製造工場などにおける「生産性の向上」に活用することも可能です。

● 金融業界におけるIoT

　第3章においても取り上げたように、金融商品・サービスのなかでは、保険商品が最もIoTとの親和性が高い分野と考えられます。これは、保険商品が個人の生活と密接に関わる商品であることが背景にあります。

　損害保険の代表的商品である自動車保険は、保険加入時においても車に取り付けたセンサーから得た情報、たとえば、走行距離といった大まかなものだけでなく、車間距離の取り方やブレーキの頻度・強さ、ハンドルの切り方、走行スピードや発進時のアクセルの踏み方、などから運転がどの程度安全かをより正確に推測することが可能になります。また、事故時も事故の状況が詳細かつ客観的に把握できることにより、適切な保険金支払いにもつながります。

　生命保険であれば、スマートフォンのデータやウェアラブル端末などを取り付けてもらうことにより、おおよその睡眠時間や1日の平均歩数や階段の昇降といった運動に関わるデータ、移動履歴から良く通う店舗がわかれば健康的な生活習慣かどうかといったところまで情報が入手でき、適切な保険料の算定や支払いにもつながります。

　逆にこうした情報を持たないでいると、今後有用な情報に基づいて保険業務を営む他社に本来は低い保険料で済む優良な顧客を奪われ、本来は高い保険料を取らなければいけない顧客と契約してしまうといった事態が発生します。これまでは他社と同じような情報に基づいており、本来保険料を高くしなければいけない顧客のリスクを、保険料を低くしてもよい顧客のリスクと相殺することによって全体としてリスクリターンを考えればよかったのですが、これからはそうした全体としてのリスク管理では採算が取れなくなってくるかもしれません。

　そういった意味では、競争相手より有用な情報を取得して初めて意

義が生まれることから、IoTをどこまで活用すれば良いかといった基準は、他社と比較した相対的なものになると言えるかもしれません。

　これまで取れなかった情報が取れるようになるということは、ますます情報量が増加することを意味します。いわゆるビッグ・データをどう生かしてビジネスを展開していくかが求められるようになるということです。競争力、言い換えれば付加価値の源泉が顧客の「個別ニーズ」をいかに満たすかということにシフトしたことによって、有用な情報の価値は高まり、これからは情報の囲い込みがますます激しくなります。

　一方で、顧客から支持される商品やサービスは最も「顧客ニーズ」を満たすものに限られます。この原点を外れると囲い込んだ情報を生かし切れずに、顧客から見ると評価できる点もあるが総合的には他の商品やサービスの方が良いという状況になり、商品やサービスが全く売れないということもあり得ます。

　自社にしかない情報を有することも重要ですが、最終的には顧客に選ばれる必要がありますので、自社が持っていない情報や技術が必要と判断すれば、積極的に取り入れていく姿勢が必要になります。いわゆる「オープン・イノベーション」です。先ほどの企業規模と同様、顧客から見れば商品やサービスに使われている技術や情報が自社製であるか他社製であるかはあまり意味を持ちません。まずは、顧客にとって「最も」ニーズを満たす商品やサービスを提供すること、そこからすべてが始まります。

4 新たな発展段階に入る「人工知能」

「インターネット時代」、「スマートフォン時代」に続くパラダイムシフトは、「人工知能時代」かもしれません。それほど、ビジネスのみならず人々の生活を既存の枠組みから全く別の世界にシフトさせるポテンシャルがあると考えます。

現在、「人工知能」の発展がシンギュラリティ（特異点）を超えて急速に進化し始める新たな発展段階に入ったといわれています。ディープラーニング（深層学習）という能力を獲得するようになった「人工知能」は、部分的とはいえ人間の知能を超えてきたといわれています。

これまで「人工知能」は、人間が行う作業を通じて発展し、知能を高めてきました。しかしながら、人間の知能を「人工知能」が超えるようになると、今後の「人工知能」の進化を「人工知能」自身が担うことができるようになります。そうすると、進化した「人工知能」がさらに「人工知能」を進化させる形で加速度的に「人工知能」が知能を高めていくことが可能になるといわれています。

ただし、こうした「人工知能」の発展自体について考察することが本書の目的ではありません。あくまでも、金融ビジネスを展開するにあたって、「人工知能」をどのように戦略的に活用していけばよいのか、言い方を変えるとどう付き合っていけばよいのかについて考察します。

5 「人工知能」の活用方法

　ビジネスの観点で見れば、「人工知能」はあらゆる場面で既存のコア業務を置き換える可能性を持っています。ただし、留意すべきは最初に考えるべきなのはビジネスモデルであって、そこにどう「人工知能」を活用していくかという順序です。

　なぜなら、本書で述べてきた通り、現在、金融業界は構造的転換に直面しており、金融機関は、ビジネスモデルを大きく変える必要があるからです。たとえば、現時点のビジネスモデルを前提に業務効率化に「人工知能」を活用しようとしても、そもそも将来その業務自体がなくなっているものかもしれません。

　「人工知能」が金融機関に与える影響としてまず思い浮かぶのは、人間が行っている仕事を「人工知能」が代替することではないでしょうか。たとえば、融資審査などは「人工知能」が代替できる分野の一つとして注目されています。そのほか、最適な資産運用をアドバイスするロボ・アドバイザーや保険の審査などほとんどの金融機関にとって自社業務、それもコア業務の一部が「人工知能」の潜在的な活用分野として捉えられているのではないでしょうか。

　ただし、個々の従業員にとっては死活問題である「人工知能」による既存業務の置換えも、企業としてみると「人工知能」の活用方法の検討としては不十分といえるかもしれません。業務単位で「人工知能」の活用を検討するのではなく、「人工知能」の活用を前提とした社内業務のフロー全般の見直しが必要になるほか、他社が「人工知能」を活用することによる自社の位置づけの変化に関する分析、さらには顧客を起点とした業界の枠を超えた「人工知能」の活用にまで踏み込ん

でビジネスモデルを見直していく必要があると考えます。

● 人工知能の戦略的活用

「人工知能」について自社内での活用方法を検討している金融機関が押さえておくべきポイントは、社外で「人工知能」が起こす競争環境の変化、業界の枠を超えた活用方法の検討の2点です。

たとえば、銀行が行う融資審査を「人工知能」が代替できるのではないかということについて、盛んに議論が行われています。この点について留意すべきなのは、銀行内部の融資部門の業務が縮小するのではないかということではなく、銀行の外でも融資審査が可能になるということです。クラウドファンディング等と組み合わせることにより融資機能が銀行の外で発展していく素地ができたと捉えることも可能です。

さらに、高い人件費では手掛けられなかった少額の融資審査を「人工知能」が行うということが考えられます。融資金額の多寡にかかわらず一定の審査コストが発生するために、少額融資はこれまで銀行にとって採算面から手掛けることが難しい未開拓の分野であったといえますが、今後はこうした金融ビジネスを銀行が直接手掛けるかもしれません。自分たちがやらなければ他社が取り組むかもしれません。これが本当に留意すべき点になります。

二つ目のポイントは、「人工知能」の活用は業種の壁を超えたとき新たなステージに入るということです。現在検討されている活用方法のほとんどは自社内での活用が前提となっています。たとえば、資産運用をアドバイスする「ロボ・アドバイザー」はあくまで最適なポートフォリオ等の提案と実際の売買までに留まっていますが、そこまでできるのであれば、顧客の属性に応じて一人ひとり異なる資産構成でカ

スタマイズされた投資信託を組成し、「人工知能」が投資判断を行いながらアクティブ運用するようになっても良いかもしれません。

資産運用会社は、それではコストがかかるという話になるかもしれませんが、そのコストを抑制するために人工知能等を活用すれば単に投資判断を人工知能が行う投資信託を開発するよりはるかに「戦略的な」人工知能の活用法といえるかもしれません。ビジネスモデルの再定義が先にあり、それに併せて「人工知能」をどう活用するかという順序が戦略的な人工知能の活用には欠かせないということです。

前述のロボ・アドバイザーと組み合わせて、顧客に対して最適な資産構成を提案し、了承を得たらその資産構成を持つ投資信託を組成し、それを自動的に購入することまでやれば、顧客に訴求するインパクトが違ってくると考えられます。

資産運用会社は、資産運用業界の業務範囲で、証券会社は証券業（金融商品取引業）の範囲内で「人工知能」の活用を考えていたのでは、顧客に対して一気通貫にサービスを提供できる金融機関が現れた際に商品・サービスの競争力で見劣りすることになるかもしれません。

つまり、資産運用を「人工知能」がアドバイスし、投資先の投資信託は「人工知能」が投資判断しますという形態は、従来の業態の枠組みごとに分断されたままですが、真に顧客ニーズを捉えた商品は、こうした業態の枠を超えて開発されるようになると考えます。

顧客ニーズを基点に、業態の枠を超えてでも顧客にとって「最も」ニーズを満たす商品やサービスを開発することが「未来」の金融機関に求められるビジネスモデルと言えます。

このように業界が垂直に統合された新たなステージで付加価値の源泉を握っているのは、やはり顧客ニーズを把握できる情報・データを有する業者ということになります。川上から川下まで一気通貫したビ

ジネスモデルが展開されるなかで競争に勝ち残るためには、顧客の「個別ニーズ」に関する情報・データをどれだけ有しているかにかかってきます。

　金融機関が展開すべきビジネスモデルを特定した後は、「人工知能」の実際の活用段階になります。今後の付加価値の源泉が「個別ニーズ」を満たすことだとすると、重要なのは「個別ニーズ」を特定するための「情報収集」、「個別ニーズ」を満たす商品・サービスの「製造」、およびそうした商品・サービスの製造も含めた金融機関の業務フロー全体の「効率化」の大きく三つに分けられると考えられます。そして、これら三つの分野すべてにおいて今後「人工知能」がカギになってきます。

●**人工知能による情報収集と分析**
　まず、「人工知能の発展」は、単なる文字情報はもちろん音声認識や画像認識を通じてこれまで人間では到底得られなかった質の高い情報を入手可能とし、金融ビジネスだけでなく社会全体に情報の質と量の両面において革新的な影響をもたらします。

　たとえば、人ごみの中から特定の人物を抽出することができれば、その人物の行動に関する質の高い情報が得られることになります。また、そうした認識機能がもたらす情報量も飛躍的に増加します。これは、分析対象に関する情報が増えることにつながり、より精度の高い分析結果につながります。人工知能を活用することにより、「個別ニーズ」を把握するために有用な情報の収集手法が一変することになります。

　次に、人工知能は、こうした情報を迅速かつ的確に分析する能力の向上にも貢献します。人間ではとても手に負えないほどの情報量、い

わゆるビッグ・データも「人工知能」であればあらゆる情報を勘案したうえでの分析が可能になり、より「個別ニーズ」を満たす商品・サービスの効率的かつ効果的な開発・製造を容易にします。

「未来」の金融機関にとって、人工知能の活用は避けて通れないものになると考えられます。このことは、「人工知能」が優秀な人間よりもはるかに多くの情報を咀嚼し、分析・処理することが可能になり、金融に限った話ではありませんが、働き方を含め組織のあり方や「人間」が求められる役割や能力を含めたビジネスモデルそのものを大きく変えていく必要があることも示しています。

● **人工知能による業務効率化**

さらに、「人工知能」が既存の仕事を代替あるいは補助することにより、業務の生産性が向上することが考えられます。もちろん、単純な作業の代替といったことが考えられますが、それ以上にこれまで人間ではできなかった作業が「人工知能」によって遂行できる面が重要かもしれません。なぜなら、それによってこれまで満たせなかった顧客ニーズを掘り起こせるかもしれないからです。

既存作業の代替や補助は、基本的にはコスト削減を目指した「人工知能」の使い方といえます。反対にこれまでできなった業務を担うことによって生み出す商品やサービスは新たな需要を獲得する、つまり売上げの増加を目指した活用といえるかもしれません。

たとえば、人間による融資審査では採算の合わなかった小口融資についても「人工知能」に任せることで採算が合うようになるかもしれません。小口であれば信用リスクも限定的であり、活用分野としては可能性の高い分野の一つといえます。

ただ、こうしたこれまで手掛けて来られなかった小口顧客の開拓は、

一方でどのようにこれまで接点の少ない「顧客とのインターフェイス」を構築するかという課題が生まれます。「人工知能」を活用し新たな顧客セグメントを攻略するという方針を立てた場合は、具体的なターゲット顧客へのアプローチ方法も同時に考える必要があります。

● **人工知能が顧客となる日**

将来、顧客とは人工知能を指すことになるかもしれません。

これまでの議論では「個別ニーズ」や「価格ニーズ」を満たす商品の検索は顧客自身が行う前提でしたが、将来的にはこの作業も人工知能によって代替されるかもしれません。そうなると、いかに顧客に選ばれるかということは、いかに顧客が活用している人工知能に選ばれるかということと同義になることになります。

理論的にはこれまで議論してきたような顧客行動がますます先鋭化し、ブランドといった主観的な要素はますます意味を持たなくなり、ありとあらゆる選択肢の中から「最も」顧客ニーズに適した商品・サービスが選ばれる傾向が強まると考えられます。

● **人間を前提とする秩序の破壊**

ITの発展、とりわけ「人工知能の発展」は、これまで人間の能力の限界のために自然と構築されてきた既存の秩序を大きく破壊する可能性を秘めています。

たとえば、市場・経済規模が大きくなる過程で生まれた素材の生産から最終商品の販売に至るまで、いくつかのカテゴリーに分かれてそれぞれがその分野に特化する「分業」の仕組みは、全体として効率的な財・サービスの供給につながってきました。これは、一人の人間がすべての分野において秀でた専門家になることはできないという限界

があったことも大きな要因の一つと考えられます。

　また、ITがどれだけ発展しようとも、一人の「人間」が直接パフォーマンスを観察できる部下の人数にも限界があります。たとえば、大企業の社長が何千何万の従業員のパフォーマンスを計測し、評価し、フィードバックすることはできません。このため、企業規模が大きくなり従業員が増えると効率的に組織を運営するための階層と役割分担を明確化する必要がありました。

　人間の限界とは、データ処理能力の限界です。情報へのアクセスが格段に向上したことにより、多くの情報が手に入るようになりましたが、情報を人間が処理する限り限界があります。情報の洪水から真に必要な情報を取り出す能力、情報を基に新たな付加価値を作り出す分析能力には、どんなに優秀な頭脳であっても限界があります。

　ところが、人間の能力を超える「人工知能」が生まれると、この限界が突破され、現行の分業体制や役割分担はかえって非効率であるという事態が起こることが考えられます。法制度、金融規制および税制といったさまざまな制度の枠組みも大きな変革を迫られることになり、ビジネスモデルの前提は今後大きく変化していくと考えられます。

　川上から川下まで一気通貫の垂直統合といった選択肢も含めて、人工知能の活用が当然になった世界では、分業や役割分担の境界は現在と全く別の場所に移動することになると考えられます。

　今後は、収益性の低下を受けた業界内での再編ばかりでなく、顧客を起点とする垂直統合や分業体制の大幅な変更が活発になっていく可能性が高いと考えます。なぜなら、それが最も「顧客ニーズ」を捉えることができるビジネスモデルとなるからです。そして、近年のITの発展がそのビジネスモデルの構築を可能にしつつあるということです。どんなビジネスモデルであれ、「人工知能」の活用はもはや避けて通

れないものとなります。

　仕事ができる人のところに自然と仕事が集まるように、「人工知能」に任せた方が効率的な仕事は「人工知能」に任せようとするバイアスがかかります。金融機関にとっては、この状況に対して抗うのかそれとも促すのかの判断を迫られることになります。一見すると抗う理由はないように思いますが、白地に絵をかくことができるベンチャー企業ならともかく、既存のビジネスモデルが確立している金融機関ほど社内事情がそれを許さないことが多々あると思います。しかしながら、抗うためのコストは人件費といった直接的・目先のコストだけではなく、数年先に商品競争力の低下といった形で現れることを知っておく必要があります。

図9　人工知能とIoTがデータの収集と分析に果たす役割

6　デジタル開国

　ディープラーニングの次に来る「人工知能」の発展段階は、リアルタイムでの自動翻訳だと言われています。音声認識の精度が高まり、画像認識等によって、補足情報が増えることにより、現在話されている内容を相当程度正確に翻訳することができるようになる可能性は十分考えられます。この言語の壁が取り払われるという環境変化もまた、

大きな構造的転換につながる可能性があります。

　これまで関税障壁などさまざまなクロスボーダー取引に係る障害が取り除かれていくなかで、良くも悪くも日本の市場のグローバル化が一定水準までしか到達しない大きな理由が言語の問題だと考えています。多くの日本人は、英語など日本語情報がないなかでの財・サービスの購入には大きな壁が存在していると思います。

　このため、日本市場への参入を考えている海外企業にとっては、販売を検討している商品・サービスを日本語仕様にアレンジし、日本人による日本語対応のために日本人を雇用し、多くの場合、日本市場特有の市場慣行や顧客のニーズ・カルチャーに対応するコストが発生することになり、経済的な理由から日本市場への参入を断念するケースが多かったと考えられます。

　反対に、役職員の大半が日本語しか話せない日本企業にとっては、英語ネイティブか英語が問題なく使用できる国の企業と比べて海外進出・グローバル展開の負担は重く、また、壁が高い分日本市場と海外市場を別のものとして捉える傾向が強いことも、グローバル化の妨げになっていると考えられます。

●加速する競争のグローバル化

　仮にクロスボーダー取引において言語の障壁がなくなるのだとすると、それは、国境をまたぐ競争が新たなステージへ移行することを意味します。

　国内市場の規模がそれなりに大きいため、日本で起業する場合、まずは国内市場で足場を固め、それから国際展開を目指すという2段階の経営戦略が一般的になっていました。国内市場であれば競争相手も国内企業でしたし、顧客も基本的に国内で多数を占める日本人となり

ます。リソースが限定的で目先の売上げ確保が何よりも優先される起業初期では、いかに顧客たる日本人に売れる商品・サービスを開発するかにリソースを集中することは、むしろ当然だったかもしれません。

　しかしながら、言語の壁が取り除かれ、ビジネスのプラットフォームがグローバルで単一化されると競争環境は一変します。競争相手は国内企業だけではなくなり、顧客を日本人に限定する合理性は減少します。最初から海外でも売れる商品・サービスを開発する必然性が高まり、国内市場を攻略してから海外展開という2段階方式は、非効率な経営となっていると考えられます。

　最大の非関税障壁であった言語の壁が取り払われることは、競争の土台がますますグローバル化することを意味します。これまで、日本に流入してくる海外の財・サービスだけでなく、情報についても翻訳のプロセスがなくなることにより格段に入手が容易になります。

　反対に、日本の財・サービスだけでなく、情報、たとえば、日本語でしか入手できないデータも簡単に海外の企業が入手できるようになり、日本の顧客ニーズをより的確に捉えた商品やサービスが海外からますます生まれてくるかもしれません。

●**向上が期待される国際基準策定における日本人の存在感**

　また、言語の壁が取り払われるということは、相手が日本語を話せなくともコミュニケーションが取れるということになります。ビジネス面では日本市場への参入障壁の低下につながる言葉の壁の崩壊も、見方を変えれば日本発のグローバル企業が誕生しやすくなる基盤となる可能性があります。

　特に、専門性の高さが求められる情報技術関係のニッチな分野では、これまで以上に日本人が活躍する余地があると考えます。たとえば、

英語を話せるけれど専門的知識が乏しかったり、専門的知識はあるけれど英語が話せなかったりということはこれまで少なくありませんでした。国際的な基準を確立する会議において日本人が主導権を持って議論をリードすることは、そう多くありません。ましてや、技術系の分野になると、そもそも日本人が一人も参加していないということがよくあります。これでは、日本企業や日本市場の特性・強みを生かせるような国際基準を構築することは難しく、国際的に認められた仕様と日本国内の仕様にギャップが生じやすくなります。

専門性の高い人材ほど英語力が乏しくなる傾向については、ニッチな分野を極めるために労力を費やす過程で英語の習得に割く時間を犠牲にすることが、半ば当然であることが影響していると考えます。これに対して、英語が母国語であれば、専門知識を身につける過程も英語なので、当然専門的知識と英語力の双方を身につけることになります。

そうしたなかで専門性の高い分野のトピックを扱う国際カンファレンスになるほど、日本人の参加者が限定的になる傾向が少なからずありました。

今後こうしたハンデがなくなるのであれば、専門的な分野における日本の交渉力・発言力は増していくと考えられます。言語の壁がなくなることによるプラスの側面の一つと言えます。

7　個人情報の取扱いに係る法制度

これまで将来の情報・データの利活用の重要性を述べてきましたが、「個別ニーズ」を把握・推測するための情報は、企業が自由に収集・活

用できるわけではありません。個人情報を取り扱うに際しては、個人情報保護法といった関連する各国の法規制を遵守しながら許容される手段・範囲において活用する必要があります。そして、この個人情報の取扱いをめぐる法規制もITの発展を受けて大きく変貌しつつあります。

　個人情報は、生年月日や氏名のほか、指紋認証や顔認証等の生体認証用にデータ化された身体に関する情報、携帯番号等個人に割当てられた識別符号があります。また、個人情報を検索しやすいように体系的に構成した、いわゆる個人情報データベースを表す「個人データ」という概念も個人情報の取扱いにおいて重要です。

　個人情報は本人同意が必要など取得時における規制と第三者への移転に係る規制に関して、何が禁止され、どういう要件を満たせば規制を遵守していることになるのか等について留意する必要があります。

●匿名化された情報

　通常、個人が識別できないように匿名加工された個人情報については、加工されていない個人情報と比較して規制が緩やかになることが大半です。ただし、何を満たせば匿名化したことになるのか、反対に何が起きれば匿名化されていると言えなくなるのかといった点については留意する必要があります。特に、ブロックチェーンのような多数の参加者が分散共有している匿名加工された個人情報が突然、もはや匿名化されているとは言えない状態になったとすると、大きな影響が幅広い金融機関に起きることになります。

　個人情報も含めた情報・データの流れはますます複雑化しています。顧客と金融機関の間をアンバンドリングしてフィンテック・プレーヤーが金融サービスを提供すると、それだけ情報への関与者が増えるこ

とになります。たとえば、このフィンテック・プレーヤーが欧州企業である場合は、データが一度欧州に移転しその後日本の金融機関に流れることになるかもしれません。

匿名加工されていることが大半であっても、ブロックチェーンの仕組み上、すべての取引記録は、ネットワーク上のすべての参加者（ノード）に分散共有されています。これは、すべてのノードがあらゆるネットワーク参加者の個人情報を発信しながらネットワーク参加者が属するすべての国から個人情報を入手しているとみなすことも可能です。

ITの発展によって膨大な個人情報が生まれ、複雑な経路をたどりながら個人情報が世界中を流れています。このような環境では、ITの発展を踏まえて情報・データを活用したビジネスに乗り出そうとしても、いつの間にか個人情報保護に関する法令に違反しているという状態につながりかねません。

個人情報保護法は、金融規制が適用される金融機関としてではなく、個人情報取扱事業者として、個人情報の取扱いに係る法規制の動向を的確に把握しながら、許容される手段および範囲で積極的かつ戦略的に活用する方法を模索・検討していくことが肝要です。

● 日本の個人情報保護法制

日本においては、個人情報の活用を推進する観点から、個人情報保護法等の改正法が2015年9月に公布され、2017年9月までに施行されることになっています。この改正は、個人情報の保護を図りつつ、パーソナルデータの利活用を促進することによる、新産業・新サービスの創出と国民の安全・安心の向上の実現を目的としています。つまり、これまで述べたような顧客ニーズを把握するための「情報収集」と「個

別ニーズ」の推測を促すような改正が行われたということです。主な改正のポイントは以下の通りです。

- 「個人情報」の定義の明確化：生体認証に使われる指紋などのデータや顔認識に使われるデータも個人情報となります。免許証やパスポートの番号だけでも個人情報となります。また、個人情報と結びついた移動履歴や購買履歴も個人情報となります。その他、人種、信条、病歴、犯罪歴といった機微情報の取扱いに関する規定も整備されています。
- 適切な規律の下での個人情報活用の促進：匿名化された情報に関する加工方法や取扱い等に関する規定が整備されています。また、個人情報保護方針の作成や届出、公表等の規定が整備されています。
- 個人情報の流通の適正確保：いわゆる名簿屋対策としてトレーサビリティの確保義務付けや個人情報データベース提供罪の新設が行われています。
- 個人情報保護委員会の新設：現行の主務大臣の権限を、新設の個人情報保護委員会に一元化する規定が整備されています。
- 個人情報の取扱いのグローバル化：国境を越えた適用と外国当局への情報提供に関する規定および外国にある第三者への個人データの提供に関する規定が整備されています。
- 訴求権：本人の開示、訂正、利用停止等の求めは訴求権であることを明確化する規定が整備されています。

日本の個人情報保護法改正におけるポイントは、個人情報として取り扱うべき範囲の曖昧さ、いわゆるグレーゾーンを解消し、企業によ

る利活用を促進することです。このため、顔認証や指紋認証など生体認証のためのデータも個人情報とするなど明確化が図られるとともに、匿名加工された情報について企業の自由な利活用を認めることにより経済を活性化させることを促すとしています。

● 欧州の個人情報保護規則

　2016年4月、EU一般データ保護規則（General Data Protection Regulation：「GDPR」）が欧州議会で承認され、欧州における新たな個人情報の取扱いに係る法規制が2018年5月25日から施行される予定です。日本企業が留意すべきGDPRのポイントは、EU域内の顧客に関する個人情報を取り扱う日本企業にも適用されるという域外適用と違反した際に巨額の罰金が課せられる可能性があるという点です。

　GDPRにおいて、EUからEU域外への個人情報の移転は、本人の明確な同意などの一定の要件を満たさない限り禁止されます。この規定は、EU域内の個人に対して商品やサービスを提供しているEU域外の企業にも適用されると考えられるため、たとえば、インターネットを通じてEU域内の顧客に対して商品やサービスを提供する日本企業は、たとえビジネス活動が日本で行われていても「個人情報」の取扱いに関してGDPRを遵守する必要が生じます。

　また、スマートフォンや自動車の位置情報なども個人情報に該当することになりますので、こうしたデータの収集を行う場合もGDPRが適用されると考えます。

　なお、EU域外へのデータの持ち出し禁止については、当該EU域外国がEU規制と同等の規制を有しているという「十分性」が認められた場合には適用されません。日本の十分性が認められない場合、日本企業は、このデータ持ち出し禁止規制の対象となると考えられます。

したがって、アンバンドリング業務を手掛けるEU企業のサービスを利用する場合やEU企業・個人も参加するブロックチェーンの活用など、グローバルに活動せず日本で日本人に対してのみサービスを提供している場合であっても、一定の要件を充足するとGDPRの域外適用の対象となる可能性がありますので、どのように個人情報が流れ、個人情報の匿名化など法規制を遵守した形式となっているかどうかなどをチェックする必要があります。

　仮にGDPRに違反すると、最大で2,000万ユーロまたは全世界売上げの4％を上限に罰金が科されることがあります。日本では考えられないような巨額の罰金が課されることを避けるためにも、ビジネスモデルを再定義する際には、日本のみならず海外の個人情報保護に関する国内外の制度についても整理・把握していく必要があります。

　なお、個人情報のEU域外持ち出し禁止以外のGDPRの主な規制は以下の通りです。

- 削除権（忘れられる権利）：個人情報保有の必要性がなくなった場合など情報の削除を求めることができる権利
- ポータビリティの権利：個人データを提供した本人が提供した主体に対して、当該情報を他の主体に移転することを要求する権利
- プロファイリングに反対する権利：個人データを利用して個人的嗜好や行動、位置、健康、経済状況、他社からの信頼等を推測することを拒否する権利

　EU域外へのデータ転送に対する厳格な規制は、EU域内の個人に関する情報をEU域内に囲い込む効果があります。ポータビリティの権

利は、すでに米国プラットフォーマーがEU域内を含む世界中の個人の情報を囲い込んでいるなかで、そうした情報をEU企業にも取得する機会を作り出す効果があります。

プロファイリングは、まさに収集したさまざまな情報を総合的に分析して「個人ニーズ」を推測・把握するプロセスですが、企業が勝手に行うのではなく、個人の同意を得たうえでプロファイリングを促そうとする意味があると考えます。

● **米国の個人情報保護法制**

米国における個人情報保護法制は、現時点では全米を包括的に、かつ個人情報全体をカバーする規制は存在しません。その代わり、企業が個人情報保護に係るポリシーを作成・公表する自主規制に依拠するアプローチが取られています。ただし、実現可能性は低いものの、包括的なデータ保護法制を策定しようとする動きもあり、注視していく必要があります。

なお、このように米国の個人情報保護に係る規制は緩やかなものであるものの、欧州のGDPRにおける十分性の認定については、政治的な動きも絡みつつ、包括的な適用除外を模索する動きが続いています。つまり、外形的にはおよそ欧州と同等の個人情報保護規制が整備されているとは言えない米国について、EU域内居住者の個人情報を持ち出すことを禁じる規制の対象から米国を外す動きが見られます。

個人情報保護法制は、「個別ニーズ」を探るうえで個人情報をこれまで以上に取り扱うことになる金融機関にとっては、金融規制とともに留意しつつも可能な限り活用していくべき法制度と言えます。こうした国ごとのバラツキが大きい法規制に関して、確実に法に触れないよ

う保守的に運用するのではなく、可能な限り個人情報を活用することが求められる環境は、対応が難しいものの「個別ニーズ」を推測することに関して他社と差がつきやすい分野と捉え積極的なリソースの投入が重要な領域と言えます。

第7章
未来の金融機関

1 顧客とのインターフェイス

　「未来」の金融機関にとって金融ビジネスを展開するうえで最も重要な課題となるのは、「顧客とのインターフェイス」をどのように構築し、維持していくかという点になるでしょう。なぜなら、顧客との接点を持つことは、金融商品やサービスを購入してもらうための第一歩であり、実際に商品やサービスを開発する際に最も重要な「顧客ニーズ」を把握するために必要な情報を収集できるかどうかに直結するからです。

　ただし、前述のように単純な情報の囲い込みでは顧客が自社の金融商品やサービスを選択する確率を低下させてしまうおそれがあります。重要なことは顧客から見て「最も」顧客ニーズを満たす商品やサービスを提供する「顧客基点」の対応です。「最も」顧客ニーズを満たす商品やサービスを開発するためなら、不足する情報や商品・サービスの開発能力を補うため、他社との提携を含めた「オープン・イノベーション」を推進することも必要です。

　「オープンAPI」についても同様に、自社が今後も競争力を強化・維持していくうえで適切なAPIの公開のあり方について検討することが肝要です。全く公開しないというのは情報の過度な囲い込みにつながり、顧客ニーズを満たした商品やサービスの開発で後れを取りやすくなるなど、「顧客とのインターフェイス」を維持・拡大するうえで最適な選択とは言えません。

　他方で過度な、あるいはやみくもな公開も顧客との接点は増えるかもしれませんが、一定数以上の公開を過ぎると自社商品やサービスの開発強化につながる側面よりセキュリティ面でのリスクの高まりとい

ったデメリットの方が大きくなってくると考えられます。

　銀行がAPIを公開するかどうかはつまるところ、ペイメントに係る巨大プラットフォームに接続するかどうかにつながっていきます。巨大プラットフォーム上で提供される銀行口座・銀行サービスの一つの選択肢となるか、そもそも「顧客とのインターフェイス」構築を自力で行うかの選択にすぎません。たとえば、グーグルが決済サービスを手掛ける際に顧客に提示する銀行の一つとなるかどうかということです。

　もちろん、有力なプラットフォーマーには多くの銀行が集まり、多数の選択肢の中で顧客に選ばれることは難しい反面、集客力の弱いプラットフォーマーと提携してもそもそもそこに顧客がついていないかもしれません。いずれにしても、APIの公開が即顧客の獲得につながるわけではなく、顧客とつながるための工夫が必要になります。

　銀行の場合、「顧客とのインターフェイス」が減少するということは、新規顧客の獲得機会が減るだけでなく、口座の動向を通じた「個別ニーズ」の把握に有用な情報も減少し、さらに貸出原資となる預金の減少につながります。預金および為替取引のデータ不足は融資の審査能力にも影響を与える一方で、巨大商流プラットフォームはこれまで一店舗や一企業では手に入れることができなかった膨大な個人の購買履歴および販売側の販売履歴を入手し、より精緻に「個別ニーズ」を把握するとともに店舗側に対する融資審査能力も備えつつあります。

　これらの情報は、購買側も販売側もそのプラットフォームを通じて取引をすればするほど情報の精度が上がります。顧客の取引の1％よりも10％を把握できればそれだけ正確に「個別ニーズ」を分析できますし、販売側の売上げの1％よりも10％をプラットフォーム経由で取引していればそれだけその店舗の実態を正確に把握することができま

す。

　店舗に対する融資判断もそれらのデジタル化されたデータをプログラムで分析することにより、瞬時に結果を出すことが可能になります。あるいは、資金需要が生まれるタイミングを見計らって融資の提案をすることも可能です。

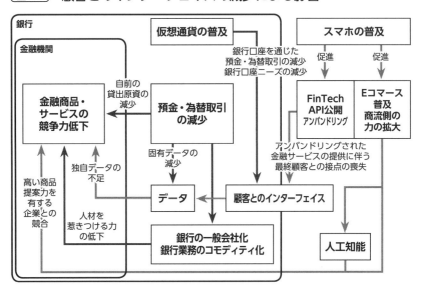

図10　顧客とのインターフェイスの減少による影響

2　金融ビジネスの二つの方向性

　金融機関は、今後いくつもの課題を乗り越えていくことが求められます。すなわち、ITの発展によってもたらされた企業と消費者との「情報の非対称性」の減少に伴う商品選択に係る主導権の消費者へのシ

フト、「フィンテックの台頭」や「仮想通貨の普及」、スマートフォンを通じた金融サービスへのアクセスの増加を通じた「顧客とのインターフェイス」の喪失、デリバリーに対するペイメントの影響力の低下から収益性の低下、および「人工知能」の発展による金融ビジネスの競争環境の変化といった課題について、金融機関は戦略的に取り組んでいくことが求められます。

　海外ではすでに多くの銀行支店が閉鎖されています。キャッシュレス化が進んだ国では法定通貨とは異なる疑似通貨が決済手段の中心となり、そもそも銀行口座の保有率が低い新興国では、主たる金融、サービスへのアクセス手段がスマートフォンとなっている国もあります。確実にITの発展が金融ビジネスの競争環境を変えています。

　そうしたなかで金融ビジネスは、公共的使命を帯びた厳格な規制に服する特別な会社から、他のサービス関連業種と同様に顧客基点のサービス産業として生まれ変わっていくと考えられます。そして、「個別ニーズ」に立脚するビジネスモデルが台頭してくるなか、特にマスリテールの市場は少品種大量生産から多品種少量生産へと大きくビジネスモデルを変えることが求められてくると考えます。

　これまでの金融ビジネスは、この「マスリテール向け」市場を狙うビジネスと一定の地域や顧客層など対象顧客を自社が優位性を保てる範囲に限定したニッチ市場を狙う「ブティック型」のビジネスを展開するタイプの大きく二つの戦略があると考えます。いずれも顧客に係る情報の質や量が重要になることに変わりありませんが、対象範囲が一定以上に大きくなると情報収集のあり方も含めて「個別ニーズ」を捉えるための戦略やリソースの投入先が変わってきます。

　大量の個人情報を効率的に収集する必要のあるマスリテールを対象とするビジネスモデルでは、自社と顧客の間に入ってくるアンバンド

リングしてくるノンバンク・プレーヤーとは競合する関係になります。他方で顧客ニーズを最も満たす商品やサービスを開発するうえで有用な情報や技術を持つ企業とは積極的なオープン・イノベーションが求められます。

　また、何らかのプラットフォームビジネスを展開し数少ない勝者の切符を手に入れることは困難ではありますが、ポジションを確立した際のメリットは計り知れないものがあります。現実的には残るフロンティアであり、特に銀行との親和性が高い資金決済に係るプラットフォームを世界的に使用される仮想通貨の発行者となることを目指すことも考えられます。

　一方、限られた地域をビジネスの基盤とする地域金融機関など、対象顧客を一定の範囲に絞り込むブティック型のビジネスも生き残る余地が大きいと考えられます。「最も」顧客ニーズを満たした商品やサービスを提供することさえできれば、企業規模が以前ほど競争力に大きな影響を与える要素ではなくなっていることから、いわば局地戦を展開することにより大企業にも抗していける環境であると言えます。

　一つの考え方として、あえてデジタルの世界に入っていない顧客を対象に、対面営業を手掛けるという手法もあり得ると考えます。HPもやらなければ、個人でフェイスブックもLINEもやらない企業や人材がまだまだいるのではないでしょうか。

　また、そうしたデジタル情報が乏しい顧客に関するデータは、デジタルの世界の覇者たるプラットフォーマーから見ても価値があり、そのような顧客基盤が一定規模に達するとプラットフォーマーと単なるAPIの公開とは異なるメリットのある提携が可能になるかもしれません。

　見方を変えると、世界規模で行われるデータの質・量をめぐる争い

に対して、局地戦を展開し限定された範囲であれば相当規模のデータ量を確保している状態にし、質の高い情報と併せて付加価値の高い商品・サービスの提供を目指す戦略だと言えます。

地方の金融機関、特に地域銀行にとっては、融資の審査ではなく融資案件の発掘が主要な機能となるかもしれません。また、資金決済サービスの利用度低下や預金を原資とする融資の縮小傾向を踏まえて、預金残高ではなく、預かり資産残高に重点を置く必要があるかもしれません。

また、地域などビジネスの対象範囲が限定されている以上、局地戦によるデータの質・量を追求するだけでは不十分です。その対象範囲における経済活動自体を維持・増加させていく必要があります。顧客をその地域といった一定の範囲に留め、経済活動がその範囲に残っていくことで、将来のビジネス機会が生まれていくことになります。今後地域金融機関に求められるのは、自社の直接的な収益のみを追求するのではなく、地域とともに発展していくためのエコシステムの構築を通じた収益化を目指すビジネスモデルだと考えます。

おわりに

　これまでも金融機関は、技術革新の波と無縁であったわけではありません。たとえば、日本においてはすでに1960年代に銀行システムのオンライン化が他の業界に先駆けて始まり、その後も数次の刷新を繰り返しながらシステムは進化していきました。その迅速かつ正確な取引処理や、他国と比較しても割高とはいえない手数料は、他国の銀行サービスを経験したことがないと気付きにくいですが、世界でもトップクラスの金融サービスを利用者にもたらしていました。

　ただ、その一方で、世界に先駆けながら他国が日本式のシステム構築に追随しない、言い換えれば、国際標準化されないまま日本で独自に進化した、汎用性の乏しいシステムが構築され、さらにシステムの改修を重ねるたびに複雑化し、担当者以外は理解することが困難なほどシステムが専門領域化するとともに、システム維持費の高止まりを銀行にもたらすことになりました。このことは、日本において銀行業がそもそも免許制であることと相まって、銀行業への新規参入の高いハードルとなっていたと考えられます。

　では、今回のITの発展がもたらした構造的転換は、これまでの技術革新がもたらした変化とは何が異なるのでしょうか。昨今の「フィンテックの台頭」をはじめとするITの発展が金融機関にもたらした構造的転換と過去に起こった技術革新がもたらした変化とは、大きく次の三つの点が異なると考えます。

一つ目は、今回の構造的転換は企業から個人への商品選択の主導権のシフトが背景にあること、言い換えれば「情報の非対称性」が減少したことがあります。自ら起こした変化ではなく、外部から否応なくもたらされる変化だということです。

　初期のシステムオンライン化は、そもそも一般企業とは比べ物にならないくらい膨大な取引を手動処理していたためオンラインによる自動処理に対するニーズが他の業界よりも格段に強かった、あるいは導入によるコスト削減メリットが大きかったことが背景にあり、その後も「顧客ニーズ」に応える形でシステムの刷新が行われていったと考えられます。

　言い換えれば、システム投資によって何が可能になり、コスト面を含めどのようなメリットがあるのか明確であり、既存も含めて顧客からの反応も実感できていたといえます。これに対して、今回の構造的転換においては、何に投資すれば良いのかも明確ではなく、どのようなメリットが金融機関にもたらされるのかもはっきりしない部分が多いこともあり、投資に対して必要以上に慎重になる傾向があると考えます。

　ITの発展を活用して「顧客ニーズ」に応えるのは既存の金融機関よりも「ノンバンク・プレーヤー」が先行しており、既存の金融機関はどちらかというとその後を追うように変化に対応しています。これまでとは競争相手および主導権の有無において違いがあります。

　先行する金融サービスに追随するための投資では、投資効果というのはなかなか実感できません。理論的には既存顧客をつなぎとめることや新規顧客が投資しない場合と比べて増える効果があるはずですが、実感を伴ってそのような効果を得ることは困難です。

　規制に対応するためのものでもなく、このような何が適切であるか

判断できないけれども何かしなければいけないという事態は、これまで金融業界ではそれほど多くなかったことが、経験のない事態を感じる要因だと考えられます。

　二つ目の違いは、今回の構造的転換においては金融ビジネスの基盤そのものが置き換わろうとしていることが挙げられます。銀行が手掛ける為替取引といった決済サービスでいえば、これまで銀行が築き上げてきたシステム上で新たなサービスが開発されるのではなく、基盤そのものがブロックチェーンや仮想通貨といったこれまでにない新しいものに変わろうとしている点が、これまで経験してきた変化とは全く異なります。新しい基盤の上で展開するビジネスでは、既存の金融機関も新規参入者もノウハウという点では同じスタートラインに立つことになりますので、一日の長といった強みを発揮できない土俵で競争が行われようとしていることになります。

　三つ目は、変化のスピードがこれまでの変化とは比べ物にならないくらい早いと（感じると）いうことが挙げられます。これはある意味当然で、自らが起こしている変化であれば自らが対応できる範囲で変化のスピードをコントロールすることが可能ですが、他者が主導する変化では、自分が準備できていないからといってスケジュールを簡単に変更できません。

　攻める側、特に既存の基盤ではそれほど規模が大きくない企業からすると、新しい基盤の上での勢力図が固まる前に少しでもシェアを拡大しようと全速力でビジネスを展開することになります。そこでは、用意周到に準備し万全の態勢を整えてから満を持して市場に参入といった選択は賢明ではなくなります。これまでと正反対の文化が必要となります。

　今回はビジネス基盤が変わり、新規参入者と同じスタートラインか

らの競争になりますので、既存の仕組みを破壊しながら進まなければいけない金融機関が、身軽で破壊すべき既存システムを抱えず白地に新基盤に対応した体制を描ける新興企業等とスピード競争をする今回の構造的転換がこれまでと様相が異なるのは当然といえます。

　ただし、今回の構造的転換において最後にものをいうのは顧客基盤であると考えており、その点では顧客基盤の乏しい新興企業に対しては多少の遅れをとっても既存の金融機関は変化に対応できる可能性があると考えます。真に脅威なのはそうした新興企業ではなく、すでに巨大な顧客基盤を持つ企業、プラットフォーマーが参入する時だと考えます。

　そうした金融機関が顧客に提供する「金融商品」や「金融サービス」の内容もこれまでと比べて大きく変化していると考えられます。未来においても「金融機関」たり得る現在の金融機関は、IT（情報技術）の発展を活用した革新的な金融商品や金融サービスを提供するフィンテックの台頭がもたらす直接的な影響だけでなく、ITの発展が社会全体にもたらす変化も踏まえて、自らがビジネスの対象とする顧客・市場を見極め、磨き上げた商品・サービスといったコアコンピタンス（競争力）を有し、求められる役割やスキルの変化に果敢に対応していった金融機関となるでしょう。

　革新的な金融商品やサービスの登場は、既存の金融機関を脅かしているように感じることがあるかもしれませんが、近年のITの発展が金融業界にもたらした大きな変化は、フィンテックの金融サービスではなく、金融サービスの利用者である人々の「情報へのアクセス経路と情報の活用手段の変化」、および利用者ニーズを知るために有用なデジタル化された情報の増加と大量の情報、いわゆるビッグ・データを分析・処理する能力の向上による「付加価値の源泉の変化」の二つ

の変化です。

　前者の変化については、ITの発展を受けて普及したスマートフォンの台頭を契機に人々のライフスタイルが大きく変化したことが典型的な例として挙げられます。たとえば、資金決済サービスはますますキャッシュレスになり、ATMや金融機関の支店を陳腐化させています。このように、いま人々の金融サービスへのアクセス経路が大きく変わっています。

　また、必要な情報はスマートフォン経由で取得するようになり、能動的ではなく受動的に利用者ニーズに応じた商品やサービスの提案を受けるものもスマートフォン経由にシフトするなど情報の活用手段も大きく変わりました。

　後者の変化については、あらゆるものがインターネットにつながるIoTの普及や人工知能の進化は、人々に関するものも含めさまざまな情報をデジタル・データ化することを可能にし、それとともに大量のデータ、いわゆるビッグ・データを生み出しながら、人間では不可能なそうしたビッグ・データを処理するコンピュータの能力も向上したことにより、金融業界に限らず、あらゆる業界において付加価値を生み出すビジネスモデルをセグメント化された顧客層に対する商品・サービスの提供から個別ニーズに応じてカスタマイズ化された商品やサービスを提案・提供するアプローチへと大きく転換させようとしています。

　「未来」の金融機関は、支店やATMではなくスマートフォンといった情報端末を含めたデバイスを通じて顧客とつながり、個別の顧客ニーズに応じて開発した商品やサービスを提供することになります。漠然としたブランド力ではなく、実際の情報・データを使いこなすことによってはじめて顧客に訴求できる競争力を持つことができるという

ことです。

　そして、膨大な顧客基盤を構築することを目指してきたプラットフォームビジネスの世界では、長い年月に及ぶ競争を経て勝ち残ったごく少数の巨大プラットフォーマーが付加価値の高い情報を独占する基盤を固めつつあります。こうしたプラットフォーマーは、「未来」の金融機関となるかもしれません。将来の最大の競争相手は、ITを活用した革新的な金融サービスを提供するフィンテック・プレーヤーではなく、こうしたプラットフォーマーとなるでしょう。

　他方で、情報力次第で顧客に訴求できる商品やサービスを提供できるようになり、システム投資や支店網といった固定費や多くの営業員やバックオフィス業務を担う人材を多数集め、厳格な規制を遵守する体制を整備する必要がなくなることは、企業規模が大きいことからくるメリットが少なくなり、小規模であってもビジネス展開が可能な世界になることを意味します。ただし、生き残るためにはビジネスモデルを大きく変える必要があります。

　金融ビジネスモデルが大きく変わる以上、そこで働く人間が求められる役割やスキル、経験等もまた、大きく変化していくことになります。定型的な業務、たとえば決済関連の業務の大半はブロックチェーン技術によってそもそも人員が必要でなくなる可能性があります。融資や保険などの審査業務も「人工知能」が代替すると言われています。また、支店網自体も見直しが必至の状況です。

　一方で、「人工知能」も含めてシステムエンジニア職は拡大していくと見られます。なぜなら、そこに収益や付加価値の源泉が集中することになるからです。商品やサービスの開発に必要な情報の収集にはビジネス戦略も必要になります。

　全体として、金融機関は情報サービス産業化し、金融以外にも多種

多様なビジネスを展開する可能性があります。その時金融機関内部で働いている人たちは、これまでとは異なるバックグラウンドや能力を持っていると考えられます。

【執筆者紹介】

保木 健次（ほき　けんじ）
有限責任 あずさ監査法人　金融事業部　シニアマネジャー
大手金融機関において資産運用業務等に従事。2003年から金融庁に入庁し、証券取引等監視委員会、米国商品先物取引委員会への出向、総務企画局市場課、経済協力開発機構への出向を経て、総務企画局国際室において店頭デリバティブ規制等に係る国際議論に参加。2014年あずさ監査法人に入所し、決済インフラを含む金融機関向け規制対応等のアドバイザリー業務に従事。

東海林　正賢（しょうじ　まさより）
KPMGコンサルティング株式会社　ディレクター
外資系システムサービス会社にて新規クライアント開拓およびテクノロジーを活かした新サービス開発のプロジェクトを多数経験。2015年KPMGコンサルティングに入社。専門分野：新規事業企画、システム化構想、IT組織改革、営業変革など、アナログからデジタルへの変革を支援。

【編者紹介】

KPMGジャパン
KPMGジャパンは、KPMGの日本におけるメンバーファームの総称であり、監査・保証、税務、アドバイザリーの3つの分野にわたる7のプロフェッショナルファームに7,248名の人員を擁しています。
クライアントが抱える経営課題に対して、各分野のプロフェッショナルが専門的知識やスキルを活かして連携し、またKPMGのグローバルネットワークも活用しながら、価値あるサービスを提供しています。
日本におけるメンバーファームは以下のとおり。
有限責任 あずさ監査法人、KPMG税理士法人、KPMGコンサルティング株式会社、株式会社KPMG FAS、KPMGあずさサステナビリティ株式会社、KPMGヘルスケアジャパン株式会社、KPMG社会保険労務士法人

フィンテック推進支援室
FinTechの登場により、複雑な規制や大規模なシステムが必要であった金融サービスの領域に大きな変革がもたらされようとしています。今後は既存金融業やスタートアップに限らず、多くのお客様が金融サービスを取り入れた新たなビジネスモデルを構築することになると考えられます。KPMGは以前から持っている金融と規制に関する幅広い知識と、新しいビジネスモデル構築にまつわるさまざまな支援を統合して提供するために、部門を超えた新しい組織を立ち上げました。金融業界全体の革新を支援するとともに、消費者を取り巻く新たな金融サービスにより世の中全体が変わっていくことを目指して私たち自身も挑戦を続けていきます。

FinTech・仮想通貨・AI で金融機関はどう変わる⁉

2017年2月24日　初版第1刷発行

編　者　KPMGジャパン ©

発行者　酒井　敬男

発行所　株式会社 ビジネス教育出版社

〒102-0074　東京都千代田区九段南4-7-13
TEL 03(3221)5361(代表)／FAX 03(3222)7878
E-mail▶info@bks.co.jp URL▶http://www.bks.co.jp

印刷・製本／シナノ印刷㈱　　装丁・本文デザイン・DTP／㈲エルグ
落丁・乱丁はお取り替えします。

ISBN978-4-8283-0641-4　C2034

本書のコピー、スキャン、デジタル化等の無断複写は、著作権法上での例外を除き禁じられています。購入者以外の第三者による本書のいかなる電子複製も一切認められておりません。

＝ビジネス教育出版社 関連図書＝

フィデューシャリー・デューティー
―顧客本位の業務運営とは何か

森本紀行／著
四六判・208 ページ　定価：本体 1,500 円＋税

金融庁が確立と定着を目指すフィデューシャリー・デューティーはすべての金融機関の行動原則。日本で最初に「フィデューシャリー宣言」を行った HC アセットマネジメントの森本社長が、フィデューシャリー・デューティーの意義、これまでの経緯、具体的な取組み方、今後の課題等について簡潔にまとめた書。

事業性評価融資 ―最強の貸出増強策

中村 中（資金調達コンサルタント・中小企業診断士）／著
Ａ5判・248 頁　定価：本体 2,500 円＋税

金融行政の大転換、ローカルベンチマークの推進、中小企業等経営強化法の普及、外部専門家との連携……地域金融機関の構造的課題と低金利時代の"融資"のあり方を説く。貸出現場における中小企業経営者と銀行担当者の会話例をふんだんに盛り込み、理解が深まるように工夫。

ローカルベンチマーク
～地域金融機関に求められる連携と対話

中村 中（資金調達コンサルタント・・中小企業診断士）／著
Ａ5判・160 頁　定価：本体 2,000 円＋税

地域企業評価手法・指標とそれに基づく対話は事業性評価融資の必須ツール。その全体像をわかりやすく解説。「第一段階」で地域を把握して情報収集・データ分析を行い、「第二段階」で財務・非財務の企業分析を行うローカルベンチマークは、地域経済圏を担う企業に対する経営判断や経営支援等の参考となる評価指標。

事業性評価・ローカルベンチマーク 活用事例集

中村 中・㈱マネジメントパートナーズ [MPS]／共著
Ａ5判・272 頁　定価：本体 2,800 円＋税

地域金融機関融資担当者の稟議書作成に役立ち、経営者や税理士等専門家には交渉や対話の参考になる事例を満載。金融検査マニュアル別冊（中小企業融資編）の事例を事業性評価融資の支援ケースとして、現実のコンサルティング事例をローカルベンチマークの視点で、多面的に解説。